高等学校 教育実習 ハンドブック

永添祥多　田代武博　岡野亜希子［著］

JN251695

風間書房

はじめに

　本書は、高等学校教諭普通免許状取得のため、高等学校へ教育実習に赴く学生を主対象として著したものである。教育実習のテキストは、現在のところ、各出版社から数冊刊行されているが、それらは義務教育の学校、特に小学校での教育実習を対象としているものが多い。

　このため、高等学校で教育実習を行う学生にとって、小学校や中学校での教育実習を中心とするそれらの内容に対しては違和感を覚えるという問題がある。

　さらに、私立大学の非教員養成系学部の教職課程履修者の多くは、高等学校で教育実習を行うという実態もある。

　そこで、本書はこれまでの教育実習のテキストとは異なり、高等学校での教育実習を初めて対象とした点に特色が見られるといえよう。

　我々著者3名は、九州大学大学院で教育学（教育史または教育哲学）を専攻し、現在は私立大学の非教員養成系学部の教職課程教育学担当教員を勤めている。学会などで出会う機会があった際、話題にのぼることが多かったのが、教育実習の良いテキストが無いだろうかということであった。その結果、無いならば自分たちで作成しようということになり、数次に及ぶ編集会議を経て、本書の刊行に至ったのである。

　内容構成は、第1章及び第4章を岡野亜希子が、第2章及び第3章を田代武博が、第5章及び第6章を永添祥多が分担執筆した。

　岡野は教育哲学専攻であるが、高等学校のキャリア教育や特別活動にも関心を有している。田代は近代日本教育史専攻であるが、戦後の高校教育の変遷や課題にも関心を有している。永添は日本文化理解教育及び近代日本教育史専攻であるが、高等学校教諭（日本史担当）を勤めた経験から、高等学校

現場の事情に通じており、教育実習生の指導を何度も行った経験を有している。このような３名が、各々の専門性を活かしつつ、教職課程担当教員としてのこれまでの職務実績を基に分担執筆した。

　高等学校教員には、その専門性の高さから、文学部や理学部などの非教員養成系学部出身者が多い。これらの学部に学ぶ教職課程履修者に対しては、専門科目との兼ね合いから、限られた時間的制約の中で要領よく教員としての資質・能力を育成しなければならない。

　特に教育実習については、教育学部の学生と比較して不安を感じる者が多い。彼らの不安を払拭して実りある教育実習となり、さらには彼らの中から有為な高校教員が輩出していくために、本書がささやかながらも貢献できれば、著者として望外の喜びである。

　本書の刊行を快諾していただいた、風間書房の風間敬子社長にはいつものことながら感謝したい。また、資料調査・整理などを手伝ってくれた、近畿大学大学院産業理工学研究科博士前期課程２学年の後藤泰輔君にも御礼申し上げたい。

　最後に、我々３名が直接的あるいは間接的に御厚情を賜り、本書の内容にもアドバイスをいただいた、八尾坂修九州大学名誉教授にこの場を借りて深く御礼申し上げたい。

　2017（平成29）年１月

　　　　　　　　　　　　　　著者代表　近畿大学教授　永添　祥多

目　次

第6章　教育実習の実際（永添祥多）……89

第 1 章　教育実習の目的と意義

　そもそも教育実習とはなんだろうか、何のために行うのだろうか。この章
では、まず教職課程における教育実習の基本的な位置づけを確認する。その
うえで、教育実習で学ぶことをいくつかのポイントに分けて整理し、それぞ
れ何のために学ぶのかを考えてみることにする。

第 1 節　教育実習とは

　まず教育実習の基本的な位置づけを確認しておこう。教育実習は教育職員
免許状を取得するための必修の実習科目であり、教育職員免許法および教育
職員免許法施行規則にもとづいて、各大学の教職課程に設置されている。地
域の教員養成を主な目的としている、いわゆる教員養成系の大学や学部では
なく、一般の大学や学部に入学して教育職員免許状の取得を目指す学生は、
自身の所属する学部や学科の教育課程を履修することに加えて、卒業までの
4 年間に、この教職課程を受講する必要がある。教職に就く者に共通して求
められる基礎的な知識を教職課程で学び、同時に、教科の指導に不可欠な専
門的な知識を所属する学部や学科における教育課程で学ぶことになる。

　教職課程の履修者のうち 3 年終了時までに所定の単位を修得した者は、4
年次に実際の学校現場において、教職課程の学びの成果を実践的に発揮する
ことになる。これが「教育実習」である。

　教育実習の期間は基本的に 2 〜 4 週間である。教育実習期間中には、正規

の教員に準じた「教育実習生」として学校に勤務しながら、実習校における教員の指導のもとで、教科指導はもちろんのこと、特別活動や総合的な学習の時間における学習指導など学校の教育課程全般について幅広く学んでいく。

　では教育実習が 4 年次に設定してあるのはなぜだろうか。それは、教育実習生として学校現場に入り、教育活動の一部に携わることができるようになるために必要な基礎的な知識や技能を、最低でも 3 年間かけて学び身につけていく必要があると考えられているからである。とはいえ、大学の教職課程を 3 年間受講しただけでは、現職の教員と同等の知識や能力が身につくことはもちろんあり得ない。未熟ながらも最低限の基礎的な知識や技能を身につけた者として学校現場で教育活動を行うことで、教職に就く者としての適性を見極め、自身の課題を見つけることを目指していくのである。

　教育実習期間が終了し大学へ戻ったのちに、教育実習期間中の学びの成果（うまくいったことも、うまくいかずに失敗したことも含めて）を整理して、自分が教員としてやっていくための課題が何であるかを明らかにする。教育実習の事後指導や教職実践演習などの他の科目における学びの機会も利用しながら、教育実習期間中に見つけた自身の課題を克服するための方法を探り、教員としての資質と能力を高めることを目指す。このように、教育実習は、「教員としての自分自身」をよりよいものにしていくための科目なのである。

　それでは、以下より教育実習を通じて学ぶことを大きく二つに分けて考えてみよう。

第 2 節　教科の学習指導について学ぶ

　高等学校の教員免許は教科ごとに取得するため、免許状を取得するには、当然ながらその教科の学習指導を行うことができるようになる必要がある。そのため教育実習生は、各教科・科目をはじめとした学習指導に対して、最も多くの時間とエネルギーをかけることになるだろう。教科の学習指導を適

切に行うためには、まずはその教科内容について十分な知識を持っていなければならないが、それと同時に、みなさんが学部や学科の専門科目を通じて身につけてきた専門的な知識を、高等学校の教科の学習指導にいかにつなげることができるかが、教育実習では問われることになる。

　大学で身につけた教科内容の知識を、どのようにして学習指導に生かしていくのか。そこで必要となるのが、誰に、何を、何のために教えるのか、という視点である。これは、学習指導案の作成を通じて考えることができる。

　教育実習生が授業を行う際には、ほとんどの場合、指導教員の指導のもとで学習指導案を作成し、それにもとづいて授業を行う。したがって、学習指導案は、いわば授業の計画書である。授業の到達目標は何か、どのような学習集団に対して行うのか、どのような教材や方法を用いるのかなどをよく吟味しながら学習指導案を作成し、その学習指導案にもとづいて授業を実施し学習指導を行っていく。

　ところで、適切な学習指導については、「これ」といったはっきりした一つの方法があるわけではない。なぜなら、学習者や彼ら・彼女らをとりまく環境は、常に多様であるからだ。たとえば文科省『平成 27 年度学校基本調査』（2015）によれば、2015 年度に高等学校に在籍している生徒は 330 万人を超えている。すると、学習への意欲や関心や態度、また理解や習熟の程度も、端的に 330 万通り以上あることになる。かりにこれから授業を行うのであれば、まずは対象の生徒たちが所属するクラスがどのような特徴を持っているのか（普通科か専門学科か、学年は何学年か、教科・科目に対する興味や関心はどの程度あるかなど）、またこれまでどのような学習をしてきたのかなどの学習者の分析（学習指導案では「学級の分析」や「生徒の実態」などの項目として記されていることもある）が必要になる。これらをよく見極めたうえで、授業の単元を設定し、どのような教材を用いるべきかを考えていく。

　さらに、なぜいまこの単元を学ぶべきなのか、生徒にとってこの単元を学ぶことがどのような意味を持つのかについても考えなければならない（学習

指導案では「単元設定の理由」や「単元の目的」といった項目で記されている）。このとき、「『学習指導要領』に書いてあるから教えるのだ」とか、「教科書に書いてあるから教えるのだ」といった安直な答えでは単元設定の理由にはならないし、それでよい授業を行うことはできない。よく言われるのが、「教科書を教えるのではなく、教科書で教えるのだ」という言葉である。これは、教科書はあくまでも学習のための手段でしかなく、決して学習の目的ではないということを意味している。たとえば生徒から「なぜ○○を勉強しなければならないのですか？」と尋ねられたときに、「教科書に書いてあるからです」などと答える教師はいないだろう（仮にいたとすれば、大きな問題である）。

　教育基本法の第1条（目的）には、「教育は人格の完成を目指して、平和で民主的な国家および社会の形成者として必要な資質を備えた心身ともに健康な国民の育成を期して行われなければならない」とある。生徒の卒業後の姿、たとえば10年後や20年後を見越しながら、彼ら・彼女らにどのような「社会の形成者」となっていて欲しいのかを常に考えておかなければならない。

　ある特定の単元を、学校の教育課程のなかで、なぜ学ぶ必要があるのか。その理由を授業者自身が理解していなければ、生徒に伝えることは不可能である。したがって単元設定の理由や目的を考えることを通じて、教える側である教育実習生自身が単元の学問的・社会的な意味や意義をどの程度理解しているのかが問われているのだと言うこともできるだろう。

　このように、大学で身につけた教科内容の知識を学習指導へいかしていくには、誰に、何を、何のために教えるのかという視点が不可欠である。教育実習生であるみなさんはすでに大学の教職課程において、理科教育法や商業科教育法など、教科に関する指導法の基礎を学んでいるはずである。そこで学んだ学習指導案の基本的な書き方をもとに、教育実習では指導教諭またはその他の教員が実習校で行う教科の授業を参観して、生徒への発問や、板書の仕方、生徒への支援の仕方についてのヒントを見つけ、最終的には「教員

としての自分自身」が納得できる学習指導案を作成できるようになることが大切である。

第 3 節　学級や学校全体の運営について学ぶ

　教科の学習指導を行うことが高等学校の教員の重要な職務のひとつであることは確かであるが、教員の職務はそれだけではない。教育実習生は教育実習期間中に、教科以外の学習活動の指導に携わることがある。たとえば指導教員が受け持つ学級のホームルーム活動や、総合的な学習の時間には何度もかかわることになるだろう。また教育実習期間中に文化祭や体育祭などの学校行事が実習校で行われる場合には、その準備を通じて特定の教科・科目以外の学習活動の様子をみたり、実際に指導を行ったりすることになる。

　とはいえ、教育実習生が短い実習期間中に、指導教員の学級運営や実習校の学校運営に主体的に関わることは難しい。したがって実習期間中には、指導教員の学級運営の目標や学期ごと・年間の計画や、それらと学年や学校全体の教育活動との関連について知り、指導教員が実際にどのようにそれを展開し、教育目標を実現しようとしているかを理解することが主となるだろう。

　ここでは特別活動を例として、学級や学校全体の運営について考えてみよう。アメリカの哲学者・教育学者であるジョン・デューイ（1859-1952）は、学校は子どもが将来的に民主主義を実現していくための練習場としての役割を持っており、その意味において学校は「小さな社会」であると考えていた。デューイによれば、学校は学習活動を通じて子どもたちが「経験」を練り上げていき、ときに問題にぶつかりながら「経験の再構成」を促していくものなのである。

　学校教育は基本的には集団活動を通じて行われている。とくに高等学校では在校時間が長くなることもあり、多くの生徒たちにとっては、自分の家で家族と共に過ごす時間よりも、学校で教員や他の生徒たちと共に過ごす時間

の方が長くなる。つまり生徒にとって、学級やホームルームといった集団は、日々の重要な生活基盤のひとつとなっているのである。生徒一人ひとりが落ち着いた環境で日々の学習活動を行うためには、担任教諭やクラスメイトとのよりよい人間関係の構築や、清潔で落ち着いた教室空間の整備などが欠かせない。したがってこれらは、生徒の教科の学習活動を行ううえでも前提となるものである。

　たとえば学習指導要領におけるホームルーム活動の目標は、次のようなものである。「ホームルーム活動を通して、望ましい人間関係を形成し、集団の一員としてホームルームや学校におけるよりよい生活づくりに参画し諸問題を解決しようとする自主的、実践的な態度や健全な生活態度を育てる」。

　「望ましい人間関係を形成」するのは、直接的には生徒自身である。生徒には、学級やホームルームのような「集団に所属し、その中で互いに理解し合い、高め合い、個人と個人、個人と集団、集団相互が互いに作用し合いながら、集団活動や体験的な活動を進め、それぞれの生徒が全人的な発達を遂げ、また所属する集団自体の改善向上を図」っていくことが求められている。文科省『学習指導要領解説　特別活動編』では、以下のような理由から、「特別活動の目標に示されているような発達」は、「すべての集団の各成員に促していくものでなければならない」とされている。

　　特に集団の各成員が互いに人格を尊重し合い、個人を集団に埋没させることなく、それぞれの個性を認め合い、伸ばしていくような活動を行うとともに、民主的な手続きを通して、集団の目指すべき目標や集団規範を設定し、互いに協力し合って望ましい人間関係を築き、充実した学校生活を実現していくことが必要である。これに対して、少数が支配する集団活動、単なるなれ合いの集団活動などは、たとえその集団内の結束が固く、一見協力的な集団活動が進められているようであっても、望ましい集団活動であるとはいえない。

　ホームルーム活動では、一人ひとりの生徒が自主的、実践的に集団活動を進め、その間の生徒の相互作用が重要視されている。集団に所属する生徒一人ひとりが「望ましい集団活動」を育成していくことが、ホームルーム活動の重要な目標となる。そして、特別活動の体験を通して育成された集団成員としての態度は、家庭や地域社会の一員として、さらには将来において広く社会の成員として、望ましい行動を自ら選択、決定していくための基盤ともなっていくことが期待されているのである。

　デューイの言葉を思い出してみよう。子どもたちの自発的な活動によって、その集団が「小さな社会」となる。それは、一人ひとりがその社会についての権限をもつ市民社会につながるような「小さな社会」である。したがって「学校」と「社会」とは決して分断されているのではないし、分断されていてはならない。

　一方で、この「小さな社会」を構成している生徒たちは、実際の社会の構成員としては異なり未成熟な部分も多い。特別活動は、本来生徒の自主的、実践的な態度や自己を生かす能力の育成を目指すものであるが、生徒の発達の段階から考えて、教師の適切な指導・助言が大切であることはいうまでもない。教師の適切な指導によって、望ましい集団活動の一層の展開が進められるのである。

第4節　「大学でしか学べないこと」と「大学では学べないこと」

　以上、教育実習を通じて学ぶことについて述べてきた。教育実習で学ぶべきことは多い。実際に授業を行うことを通じて、授業を計画通りに展開することのむずかしさや、そもそも計画を立てることの大変さを知ることができる。またそれを乗り越えて目標に至ったときには、達成感や充実感を味わうことができる。教員の職務は、実際の場面に立ち会うことではじめて、その具体的なイメージを持つことができるものも多い。

　これらはどれも教員としての資質や能力にとって必要なものであるが、大学の教職課程を受講するだけでは学ぶことができないものである。そしてそれこそが、教育実習が教職課程において、唯一必修の実習科目として設定されている理由でもある。

　教職課程を履修する学生は子どもと関わることに興味を持っている人も多い。みなさんのなかには、教育実習以前にも、大学や地域のサークル活動などを通じた学生ボランティアとして学校へ入り、子どもたちの学習支援に関わったことがある人もいるだろう。また多くの学校は学校行事等の機会を利用して、保護者や地域の人たちが学校を訪れたり学校の教育活動に参加したりする機会を設けている。兄弟や親せきに高校生がいる場合には、このような機会を通じて学校行事等に参加したことがある人もいるかもしれない。近年、実際に学校を訪れて子どもたちと、じかに関わったり、教員の職務を直接見たり、体験的に知る機会は多い。

　ただし、このように単に学校現場の雰囲気を体験したり、教員の仕事を実際にやってみるという「職業体験」の機会を提供することが教育実習の目的なのではない。もちろん、実際に教壇に立つという経験をしてはじめて分かることもあるだろう。だが授業の雰囲気や生徒指導の雰囲気を「体験」するだけでは、授業や生徒指導についての「実習（実地について習う）」を修めたことにはならない。教育実習を単なる現場体験の思い出としてしまうのではなく、これまでの教職課程を通じて身につけた教育学的な知見に還元し、理論化・体系することによって、「教員としての自身」をよりよいものに高めていくことが求められているのである。

　教育実習が「大学では学べないこと」を学ぶ貴重な機会であることは確かだが、その一方で、大学でしか学べないことがある。たとえば、教育実習生は実習を行う学年までに、日本国憲法や教育基本法、また学校教育法やその施行規則などの教育関連法規について学び、それらについての十分な知識を身につけていなければならない。なぜなら、基本的人権の法的な根拠や、教

員としての法的な権限の範囲について十分な知識がない者が、学校で生徒一人ひとりを個人として尊重し、その学習活動を適切に指導することは決してできないからである。

　大学の教職課程は、子どもの理解や学校制度の在り方について理論的・体系的に学ぶための唯一の教育課程である。教育実習生は教育実習に挑むまでの3年間に、教育学の基礎的な知識や教育に関する諸法規、たとえば教員の職務内容、教育心理学、教育行政学または教育法学、教授法や教育課程の基礎的な理論、生徒指導や生徒のキャリア発達に関する理論など、教職に就くにあたって必要なさまざまな知識を学んできたはずである。したがって、その最終段階として課せられている教育実習は、教職や教科に関する専門知識や指導法の理論が修得されていることを前提として、はじめて成り立つものであることを自覚しておかなければならない。そのような意味においても、教育実習とは、4年間にわたる大学教職課程の集大成であると言えるのである。

（岡野亜希子）

◆ 参考文献 ◆

次世代教員養成研究会編『次世代教員養成のための教育実習　教師の初心をみがく理論と方法』学文社、2014年。

柴田義松・木内剛編著『教育実習ハンドブック　増補版』学文社、2011年。

文部科学省『高等学校学習指導要領解説 特別活動編』2009年。

ジョン・デューイ著、宮原誠一訳『学校と社会』岩波文庫、1957年。

第2章　高等学校教育の推移と課題

第1節　高等学校教育のおこりと定着普及

1　発足当初の高等学校の性格

　現在行われている高等学校教育は、第二次大戦後間もない 1947（昭和 22）年に制定された学校教育法によって制度化され、翌 1948（昭和 23）年度に発足したものである。それまで「中学校令」「実業学校令」「高等女学校令」という 3 つの法令で別々に規定されてきた中等教育機関を一本化する構想の下でつくられた高等学校は、発足当初から「高等普通教育」と「専門教育」という 2 つの教育内容で構成され、それらをあわせて行う学校であると性格づけられていた。

　この新制高等学校の設置構想は、小学区制・総合制・男女共学という「高校三原則」に則って打ち立てられた。すなわち、今でこそ少子化等のあおりを受けた統廃合などの事情によってあちこちに見られるようになってきた、普通科と職業科の両方を同一校内に設けるという高等学校のあり方が、総合制高等学校という名の下に打ち出されていた。ただし、それは地域の実情に応じて選択されること（たとえば、高等学校が少ない地域では総合制を志向するなど）となり、実際には普通科高校と職業科高校が別学校として棲み分ける形態が一般的となっていった。総合制は合衆国の制度に倣って導入された構想だったが、日本の《土壌》に直ちに適合するものではなかった。もちろん、

総合制を推し進める財政的余裕も当時の日本にはなかったといえる。

　総合制の考え方が普及定着しなかった背景には、高等学校を卒業した後の進路先から逆に規定される《準備》教育機関としての性格認識があった。当時の文部省（現在の文部科学省）の趣旨説明を見ても、「高等普通教育を主とする高等学校の生徒の志望としては卒業後大学へ進むことを希望する者と卒業後直ちに職業につくことを希望する者とに分れるのが普通であろう」〔「新制高等学校の教科課程に関する件」1947（昭和 22）年〕というように、進学希望者と就職希望者に大別する見方がとられている。これは一見、生徒・保護者の立場に立って考える現実的な見方だといえるが、その見方を強くすれば、高等学校での単位のとり方についても「（A）大学進学の準備課程」「（B）職業への準備課程」というように、高等学校を接続校として捉える表現が出てくることとなり、高等学校本来の目的が希薄となってしまう。

　そこで、国は、あらためて学校教育法に規定される高等学校本来の目的に照らし、学習指導要領一般編（昭和 31 年改訂版）では、「高等学校の教育は、この段階における完成教育であるという立場を基本とすること」と明記して、大学や職場等へ進むための準備教育あるいは接続教育という性格を第一義とは捉えない姿勢を確認している。

2　高等学校進学率の推移

　高等学校への進学率は、旧制中等諸学校からの移行措置が概ね終了した1950（昭和 25）年の時点では 42.5% であったが、それから 24 年後の 1974（昭和 49）年には 90% を超えた【図 1】。つまり、発足時には同年代の若者が半分も進学しない学校であったのが、四半世紀でそのほとんどが進学する学校へと変貌した。人々にとって、高等学校は「『行くと得するところ』から始まり、『行かないと損するところ』となった。そして『誰でも行くところ』」（香川めい・児玉英靖・相澤真一『〈高卒当然社会〉の戦後史』）へと移り変わって

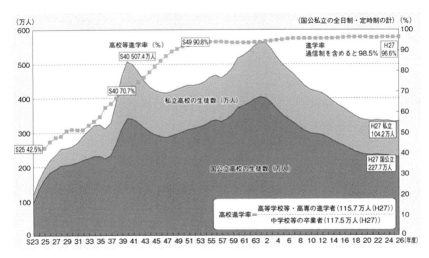

図 1　高等学校進学率の推移（『平成 27 年度文部科学白書』より）

いった。

　この進学率の飛躍的上昇の背景には、人々の教育要求の増大やそれを促す高度経済成長があったのだが、高等学校への進学要求を十分に満たすほどには、その量的拡大（増設）は追いつかなかった。1960 年代の高等学校数の変化を見ると、1960（昭和 35）年に 4,598 校だったものが、1969（昭和 44）年には 4,817 校にまで増えている。しかし、そのキャパシティを上回る子どもたちが高等学校入学を志望していた。すなわち、第一次ベビーブーム期に誕生した子どもたちが高校に進む時期に入っていたのである。

　希望者が入学定員を上回る現実の中で、1960 年頃には日教組等の団体を中心として「高校全入運動」が起こり、1962（昭和 37）年には「高校全入問題全国協議会」が設立された。その活動は、高等学校への進学希望者すべてを受け入れることの実現、高等学校教育義務化の実現などを目標としていた。いわゆる「60 年安保」をはじめ、さまざまな社会運動・市民運動が展開する中で、高校全入運動は教育の機会均等の理念を実現することを目指す運動

として位置づけられていた。しかしながら、政府は同様に機会均等の原則に立つことを主張しつつも、「高等学校の教育課程を履修できる見込みのない者をも入学させることは適当ではない」（「公立高等学校入学者選抜要項」1963年）という認識を示し、義務化実現には至らなかったのである。

　また、このときあわせて入学者選抜試験の意味についても国の方針が示され、そこでは「高等学校教育を受けるに足る資質と能力」を判定することと規定された。これがいわゆる「適格者主義」である。その後、高校入試は各学校が主体となって特色や実情に照らして合否を決定するように軌道修正されて今日に至っている。

　今日の高等学校進学率は、通信制を含めると 98% を超えた状態が続いている。一方で、在籍生徒数は少子高齢化の進行にともないおよそ 350 万人にまで減少した。そのような情勢において、高等学校の中には、定員確保に従来以上に注力することを余儀なくされる学校が生じたり、特に公立校の中では統廃合などの地域をも巻き込む大きな課題を抱える学校が生じたりしている。

3　高等学校教育の多様化

　さて、高等学校進学者が 90% を超えるようになった 1970 年代中盤以降、高等学校の充実のための視点はその〈量〉の側面から〈質〉の側面へと移ってきた。1980 年代になると、高等学校教育の個性化・多様化の促進が制度的変革として具体化されるようになった。この変革を推し進めるのに大きな役割を果たしたのが首相の諮問機関として設置された臨時教育審議会（臨教審）である。

　1984（昭和 59）年に総理府（のちの総務庁、総務省）に設置された臨教審は、第 1 回答申〔1985（昭和 60）年〕の中で「単位制高等学校」を、第 4 回答申〔1987（昭和 62）年〕の中で、「生涯学習体系への移行」「変化への対応」とな

らび「個性重視の原則」を打ち出した。高等学校を、中等教育という広い枠組みで改めて捉えなおし、「中等教育の一層の多様化を推進し、生徒一人一人の個性をより重視した教育」の実現を目指して、生徒の選択の幅を広げる方向へとこれを改めることを改革の基本方針に据えたのである。「個性」という表現自体は審議会答申等でそれまでにもたびたび使われてきていたが、臨教審答申の頃にはその追求がもはや疑いないところまで進展していたといえる。なお、当時の「個性」は文脈上「適性」とほぼ同義に使用されているとみなされるものがまだ多く、今日言うところの「特性」に近い意味で使用されるようになるのは少し先のこととなる。

　ここで臨教審が示した改革構想は、単位制高等学校、総合学科、中高一貫教育というかたちで制度的に具現化された。

　単位制高等学校は 1988（昭和 63）年度からまず定時制・通信制において導入され、1993（平成 5）年度から全日制にも導入された。その特徴は、教育課程が学年によって区分されないため、生徒が自分自身で学習のペースを考えながら学習計画を立て、科目の選択を行うことができるという点にある。その多くが次に述べる総合学科において採り入れられている。

　総合学科は、「普通教育及び専門教育を選択履修を旨として総合的に施す学科」として 1994（平成 6）年度に発足した。少しずつその数は増え、現在では全体の 5% を超えている。普通教育と専門教育の両分野から科目を設定して生徒に選択させることには「多様な能力・適性等に対応」するという積極的動機があるものの、実際に総合学科の設置状況をみると、学校の統廃合を契機としているところも少なくない。

　中高一貫教育は 1999（平成 11）年度から開設されている。この制度は、入学者選抜をめぐる諸問題や高等学校（特に 1 年次）での中途退学・不適応問題の解消といういわば消極的動機だけではなく、6 年間という長いスパンで「ゆとりある教育課程」を組むことにより、生徒の可能性を拓こうという積極的な動機に基づいて構想されている。ただし、その長い期間設定がかえっ

て「学習へのモチベーションの継続、生徒の学力の幅が大きいこと、学習指導に関する一層の研修の必要性、入学者の選考方法の改善」（工藤文三「特集テーマ『高等学校教育改革の成果と課題』について」『国立教育政策研究所紀要』第138 集、2009 年）といった課題を引き起こしてもいる。なお、中高一貫教育には大きく分けて 3 つのタイプ（中等教育学校・併設型・連携型）があり、その実態は多様である。自分の教育実習の受入先が「中高一貫教育校」であれば、それがどのタイプに属し、また、どのような理念を掲げているのかを事前に調べておこう。

　次節でふれるように、中学校・大学等と高等学校との間の接続に関する問題の解消が極めて重要視されている今日、校種間の連続性については自分なりのしっかりとした考えをもって教育実習に臨むことが大切である。自分が高等学校で教育実習を行うからといって、他校種の様子・事情について関心を寄せないという姿勢は慎むべきであり、特に後段階校種（大学等）への接続については、教育実習に行く時点までに全国的な問題や課題を整理し、それを自分および周囲の現状と関連付けて捉え直しておくのがよい。教育実習中に、指導教員から「生徒へ大学のことについて何か話して下さい」「高校〇年生のときにやっておいたほうがいいことをアドバイスして下さい」などと指示されることがある。これは、当該校の教師が日頃話している事柄であっても、当事者（学生）の立場から話されると当の生徒たちにはよく響き、説得力をもつものとして受け止められることが期待されるからである。キャリア教育の手伝いをさせてもらうつもりでその期待に応えよう。

第 2 節　現代の高等学校教育をめぐる課題

1　高等学校段階での学力ニーズ

さて、以上述べてきたような制度改革が進む根底には学習スタイルについ

ての時代的要求があった。それは、UNESCO 成人教育推進国際委員会
(1965) におけるラングランの報告以来、世界的な潮流として現れていた〈生
涯教育〉（後の〈生涯学習〉）の必要性である。「生涯にわたる学習の基礎」を
培うべく、生徒が主体的な学習を進める姿勢が要求された。この生涯教育構
想とは単に個人の能動性・主体性が求められたというのではなく、社会に出
てから主体的に学び続ける意欲を各人に持たせることが社会持続のために不
可避なことであるという時代的要請に基づくものであった。

　1976（昭和 51）年の教育課程審議会答申「小学校、中学校及び高等学校の
教育課程の基準について」では「自ら考える力」を養うことに重点が置かれ
た。この重点は、先にふれた臨教審答申でも発展的に継承され、さらに
1987（昭和 62）年の教育課程審議会答申「幼稚園、小学校、中学校及び高等
学校の教育課程の基準の改善について」では、「自ら学ぶ意欲と社会の変化
に主体的に対応できる能力」という表現に修正された。そのような力は「自
己教育力」とよばれ、それを推し進める考え方のことを「新しい学力観」と
よんだ。

　また、これらの推進と並行して 1993（平成 5）年には、高等学校への進学
に関わる中学校段階での問題として、業者テストの実施を禁ずる通知が出さ
れた。これは直接には中学校段階の取組に対する通知であるが、高等学校の
入試のシステムとリンクするものであることは言うまでもない。

　「自己教育力」「新しい学力観」を貫いてきた考え方は、1996（平成 8）年 7
月の中央教育審議会答申「21 世紀を展望した我が国の教育の在り方につい
て」において、「自ら学び、自ら考え、主体的に判断し、行動し、よりよく
問題を解決する資質や能力」と概念規定され、知徳体 3 面のバランスを考え
た「生きる力」の中の〈知〉の一角をなすものとしてまとめられた。この考
え方は 1999（平成 11）年の高等学校学習指導要領改訂に反映し、新たな領域
として「総合的な学習の時間」が設置されるなどの変革につながった。さら
に 10 年後の学習指導要領改訂においても「生きる力」という理念は養成す

べき根本的な力として継承されている。このように、ここ数十年間の教育施策の展開において追求されている学力は一貫している。

　しかしながら、それを具体的に実践する段階に目を向けると、高等学校での取組は、小・中学校に比して硬直したものであったことは否めない。日本の高等学校教育においては、本章の初めに述べたような、卒業直後の進路から逆規定される《準備》教育としての性格が色濃く残り続けていた。

　たとえば、受験至上主義的な要素は全く払拭されることはなかった。それが端的に表れた出来事が、必修教科・科目の未履修問題である。特に2006（平成18）年に発覚した「世界史」をめぐる未履修問題は当事者である生徒をはじめ国民全体に衝撃を与えた。この出来事は、必修科目が履修されていないという学習指導要領の基準性および法的拘束力の理解が問われる（無論、基準性・法的拘束力は承知されていた。にもかかわらず、このような問題が発生した）という点で重大な法規遵守上の問題であった。と同時に、そもそも未履修の動機が「受験に直接関係のない教科・科目であるから」という趣旨であったことから、進学実績を向上させることが露骨に目的化された、いわゆる受験至上主義に陥っていた点でまた問題であった。特に後者の問題は、一連の出来事に関する学校や教育委員会に対する処分と生徒に対する救済措置の実施が済めば、それで片付くというものではないことから、今後なお教訓として風化させないよう留意しておくべき問題である。

　もっとも、受験至上の問題は《高等学校→大学等》という段階でのみ発生しているものではなく、進学システムおよびその価値についての国民の認識（価値観）にかかわる、校種を横断する根本的問題であるといえる。それは、《中学校→高等学校》の段階で使われてきた業者テストが、先に述べたような校内実施禁止通知が出た後においてもなお、「今日、中学校外で実施される業者テストは、事実上、『国民的教育機関』への進学を保障するための手立てのひとつとなっている」（岡安翔平「業者テスト『追放』後の動向とその影響力（第一次報告）」『筑波大学　キャリア教育学研究』創刊号、2016年）と評される

状態にあることからも明らかである。

2　社会的自立をめざす生徒指導・進路指導

　主に普通科の高等学校における大学等への進学実績と同様、実業系の高等学校にあっては、就職実績の向上が 1 つの課題として長らく位置付いてきた。就職実績は、就職を希望する生徒が、卒業時点でどのような就職先にどれだけ内定を獲得したかという 2 点を指標として表されることが多い。しかし、就職した後の問題として、1990 年代後半頃から、若者の早期離職が取り沙汰されるようになった。いわゆる「七・五・三現象」である。高卒就職者が最初の職場に就いてから 3 年以内にその職場を離れる割合は、既に 1980 年代から 4 割を超える年があり、微増微減しながら 90 年代後半になると 5 割近くに達する年が続いた。その点だけに注目すれば、昔からみられた現象がやや深刻化した程度にすぎないようにも感じられる。しかし、就職後 1 年以内に離職した若者の割合に注目すると、2 割前後で推移してきたものが、2割を超えたところに固着してしまうという事態に至っていた。つまり、最初の職場を選択決定する段階である高等学校の教育の中に、早期離職につながるような問題が孕まれているのではないかと危惧されたのである。

　このため、いわゆる「出口指導」に傾斜してきた進路指導・職業指導のあり方を見直し、入学時から卒業後までを通して生徒に在り方生き方を考えさせていく「キャリア教育」の考え方に立つ教育が推進された。「キャリア教育」という文言が最初に公式に示されたのは 1999（平成 11）年の「キャリア教育の推進に関する総合的調査研究協力者会議報告書　～児童生徒一人一人の勤労観、職業観を育てるために～」においてであり、その後 2011（平成23）年の中央教育審議会答申「今後の学校におけるキャリア教育・職業教育の在り方について」において、次のような「キャリア教育」の定義改訂も含めた見直しがかけられた。

> 【旧定義】児童生徒一人一人の勤労観、職業観を育てる教育
> 【新定義】一人一人の社会的・職業的自立に向け、必要な基盤となる能
> 　　　　　力や態度を育てることを通して、キャリア発達を促す教育

　新定義では、社会的・職業的自立というキャリア教育の長期目標が明記され、それが学校卒業時点で完了するものではないことが「キャリア発達」(＝社会の中で自分の役割を果たしながら、自分らしい生き方を実現していく過程)という文言において示唆されている。また、この2011年の答申では、「『新しい教育活動を指すものではない』としてきたことにより、従来の教育活動のままでよいと誤解されたり、『体験活動が重要』という側面のみをとらえて、職場体験活動の実施をもってキャリア教育を行ったものとみなしたりする」といった、緒についたばかりのキャリア教育の現状に対する指摘がなされている。これは、「キャリア教育」という考え方がいまだなじんでいない現状、あるいは対外的に紹介しやすい（見えやすい）取組に傾斜している現状を示している。これから教育実習に行くみなさんが、もし、キャリア教育という概念を、《仕事調べ》《職場体験実習》《先輩の職業講話》などの項目としてのみイメージしているようであれば、それはあくまで部分的活動なのであるから、認識を修正しておいてほしい。

　一方、経済産業省サイドの人材育成論でも、2006（平成18）年以来、「社会人基礎力」という表現で、若者に求められる資質能力を言い表してきた。「社会人基礎力」は大きく次の3つで成り立つとされている。

> **① 「前に踏み出す力」（アクション）**
> 　実社会の仕事において、答えは一つに決まっておらず、試行錯誤しながら、失敗を恐れず、自ら、一歩前に踏み出す行動が求められる。失敗しても、他者と協力しながら、粘り強く取り組むことが求められる。

② 「考え抜く力」（シンキング）

　　物事を改善していくためには、常に問題意識を持ち課題を発見する
　ことが求められる。その上で、その課題を解決するための方法やプロ
　セスについて十分に納得いくまで考え抜くことが必要である。

③ 「チームで働く力」（チームワーク）

　　職場や地域社会等では、仕事の専門化や細分化が進展しており、個
　人として、また組織としての付加価値を創り出すためには、多様な人
　との協働が求められる。自分の意見を的確に伝え、意見や立場の異な
　るメンバーも尊重した上で、目標に向けともに協力することが必要で
　ある。

　「社会人基礎力」は３つの「力」で表現されているが、これらはいわゆる
コンピテンシー（行動特性）に相当するものである。これが提唱された当時、
諸調査によって明らかにされていた早期離職者の離職理由では、「仕事があ
わない、つまらない」こと、「職場の人間関係が良くない」ことの２つが上
位を占めていたように、早期離職の原因は、資質能力というよりむしろ、若
者の価値観や考え方にあったのである。高等学校においても卒業時点までに、
生徒の職業観・勤労観を練り上げておくことの大切さをここに再認識してお
かなくてはならない。

3　社会的リテラシーと社会を「生き抜く力」の育成

　以上述べたような進路指導・職業指導についての認識改革は、単なる進路
指導・職業指導上の問題にとどまらず、社会を確立・維持するための高等学
校の使命に関わる重大事といえる。2010（平成 22）年に出された『生徒指導
提要』の最終章では、次のように述べられている。

> 　単に、知識や技術、断片的な個々のリテラシー、社会的な資質や能力を身に付けるだけではなく、社会のなかで、その時々の状況を判断しながら、それらを適切に行使することによって、個人や社会の目的を達成していく包括的・総合的な能力。それを社会的なリテラシーと呼ぶとすれば、生徒指導の最終目的は社会的なリテラシーの育成にあるといえます。

　習得すべき技術の高度化・複雑化にともない、高卒就職者に期待されるのは、いわゆる〈即戦力〉的なスキル・資質よりもむしろ、就職した後の努力を保障するような基礎学力や自己学習意欲に移ってきた。先に述べた、将来を見通すキャリア教育が、結局はそのような短期的現実的意味で大切なものとして捉えられるのである。

　長らく日本の教育界で大事にされてきた「個性重視」の考え方は、穿った理解をしてしまえば《自分の好きなことだけを伸ばそうと考えて、興味が湧かないものごとに対しては積極的に取り組まない》生徒を育成することにもつながりかねなかった。むろん、今後の学校教育でも、生徒が長所や得意分野を伸ばすことは尊重されるべきであり、得意なことや好きなことを中心に職業生活を描かせていくことは至って自然なことである。しかし、いわゆる「下積み」経験を忌避してせっかくの長所や得意分野を活かす機会を失してしまうことになっては残念である。そのため、生徒自身が広い意味での「社会的自己実現」を図るような現実社会に即した導きが教師には求められている。

4　教育基本法・学校教育法の改正

　2006（平成 18）年の教育基本法改正の趣旨は、制定から半世紀以上が経過した時代にあって、状況の変化やさまざまな新しい課題に対応することだとされており、全体のモチーフとして、「個性」尊重にかたよらず、「公共の精

神」を備えた人間を育成するというねらいがある。前項までに述べてきた個性尊重の流れと、社会性涵養の流れを調和させるような意図がここには在る。

　改正のポイントは多岐にわたるが、特に高等学校の在り方に関わるポイントとして、《義務教育》という枠組みの目的があらためて見直され、次のように規定されたことに注意しておきたい。

> 義務教育として行われる普通教育は、各個人の有する能力を伸ばしつつ社会において自立的に生きる基礎を培い、また、国家及び社会の形成者として必要とされる基本的な資質を養うことを目的として行われるものとする。(第 5 条第 2 項)

　この規定の趣旨は、その後の学校教育法改正や教育振興基本計画策定に反映した。教育振興基本計画〔2008（平成 20）年〕では、「今後 10 年間を通じて目指すべき教育の姿」の第 1 番目に、「義務教育修了までに、すべての子どもに、自立して社会で生きていく基礎を育てる」と掲げられた。このような義務教育段階の共通到達目標を強調する表現は、決してそれ以後の高等学校での教育には共通性がないということを意味するものではないが、読み手にそのような印象を与えてしまいかねない。

　教育基本法改正を受けて、翌 2007（平成 19）年に学校教育法が一部改正された。そのとき、高等学校の目的・目標規定もそれぞれ改められた。目的規定は、「高等学校は、中学校における教育の基礎の上に、心身の発達及び進路に応じて、高度な普通教育及び専門教育を施すこと」（第 50 条）とされ、従来の規定中に「進路」という文言が明記された。

　一方、目標規定は、「義務教育として行われる普通教育の成果を更に発展拡充させて、**豊かな人間性、創造性及び健やかな身体を養い**、国家及び社会の形成者として必要な資質を養うこと。」（第 51 条第 1 号）というように、「生きる力」が反映（ゴシック体部分）した表現に改められている。

　2008（平成 20）年には、国の教育振興基本計画が発表され、教育基本法の

趣旨に沿う中長期の施策目標が示された。そして、この基本計画は 2013（平成 25）年 6 月に第 2 期計画によって塗り替えられた。第 2 期計画のポイントは、次のように第 1 期計画の問題点修正を意識して示されている。

・第 1 に、第 1 期計画が学校段階等の縦割りで施策等を整理していたのに対して、第 2 期計画では、各学校間や、学校教育と職業生活等との円滑な接続を重視し、「社会を生き抜く力の養成」など、生涯の各段階を貫く教育の方向性を掲げたこと〈〈第 2 期教育振興基本計画について〉文部科学省サイト〔登録：平成 21 年以前〕）

　確かに、第 1 期計画では「キャリア教育を推進するとともに、産業界と連携して、また、初等中等教育段階から高等教育段階に至る教育の連続性に配慮しつつ、職業教育を推進する。」「特に、中学校を中心とした職場体験活動や、普通科高等学校におけるキャリア教育を推進する。」「職業教育の活性化に資するよう、専門高校が地域社会と連携して行う特色ある職業教育の取組を促す。」というように、キャリア教育と職業教育それぞれの概念規定とそれらの関係についての分かりづらい表現・文章構造が多く混乱を招きかねなかった。

　第 2 期計画では、「教育行政の 4 つの基本的方向性」の第 1 番目に「社会を生き抜く力の養成」が掲げられた。「生きる力」を時勢に合わせて修正したといえるこの表現の意味するところは、同時期に出された中教審答申の文面に窺える。2013（平成 25）年に出された中央教育審議会答申「今後の青少年の体験活動の推進について」では、体験活動の効果として「『社会を生き抜く力』として必要となる基礎的な能力を養う」ことを挙げ、主体性、協調性、チャレンジ精神などの能力とならび、「自然と向き合いながら生きる人々の暮らしぶりに触れるなど、生活の原点に戻る体験」、「他人との意見調整やストレスの対処方法など、いわゆる『ヒューマンスキル』」、「瞬時に適切な対応をとることができる感性や生き物としての、いわば『野生の勘』」

などの重要性を指摘している。

5　高大接続問題の解消へ向けて

　近年、接続校種間におけるさまざまな課題が指摘され、その対応がはかられている。入試をめぐる問題解決的な対応は先に述べてきたとおりだが、むしろ、より積極的に系統的な接続関係を実現させようとする取組が現在進められているところである。

　高等学校においては、前校種（中学校）との間での接続をスムーズに行うべく、たとえば「進学説明会」やいわゆる「オープンスクール」などの表現を冠して中学生向けの学校開放あるいは見学会などが開催されることが一般的になっている。

　後段階との間の問題としては、社会や大学等の側から、高等学校教育としての質の確保が要求されている。その問題に対していよいよ本格的な梃入れをする契機となったのが、中央教育審議会から2014（平成26）年6月に出された「初等中等教育分科会高等学校教育部会　審議まとめ　～高校教育の質の確保・向上に向けて～」、および同年12月に出された答申「新しい時代にふさわしい高大接続の実現に向けた高等学校教育、大学教育、大学入学者選抜の一体的改革について」である。これらの中で、高等学校は「小・中学校に比べ知識伝達型の授業に留まる傾向」があるとされ、小・中学校で目指されてきた「生きる力」の育成が高等学校段階でストップしてしまっている現実があることが指摘された。このことは、中学校を卒業した大多数の子どもが進学してくるようになったとはいえ、高等学校段階は義務教育ではなく、多様性を備えた〈準備〉教育機関という側面が強かったことを物語っている。

　そこで、この「審議まとめ」および12月に出された答申では、高等学校が、「中学校卒業後のほぼ全ての者が、社会で生きていくために必要となる力を共通して身に付ける」場であることがまず確認され、従来の政策で重視されてきた「多様化への対応」に加えて「共通性の確保」を図ることが重要

だとうたわれている。

　その両者のバランスを保つことを念頭において、改めて、高等学校教育及び大学教育の使命、ならびに高等学校教育・大学教育を通じて育むべき「生きる力」の中味とはどのようなものなのかということが次のように示されている。

> ①　高等学校教育を通じて、国家及び社会の責任ある形成者として必要な教養と行動規範を身に付けること。
> ②　高等学校教育を通じて、社会で自立して活動するために必要な健康・体力を養うとともに、自己管理等の方法を身に付けること。
> ③　高等学校教育を通じて、（ⅰ）これからの時代に社会で生きていくために必要な、「主体性を持って多様な人々と協働して学ぶ態度（主体性・多様性・協働性）」を養うこと、（ⅱ）その基盤となる「知識・技能を活用して、自ら課題を発見しその解決に向けて探究し、成果等を表現するために必要な思考力・判断力・表現力等の能力」を育むこと、（ⅲ）さらにその基礎となる「知識・技能」を習得させること。

　従来の「生きる力」の説明に、「教養と行動規範」、「自己管理」、「探究」といった、特に高等学校段階で求められる内容が言葉で付け加えられて説明し直されている。これらは別に目新しいものではなく、従来別の文脈で求められてきた「自律」「在り方生き方」などと共通する事柄が、視点や表現を変えながら整理し直されているものと捉えることができる。

　学習指導要領改訂の方向性を示す 2015（平成 27）年の中央教育審議会教育課程企画特別部会「論点整理」においても、生徒に求められる力の中味は、従来追求されてきた学力の中味と基本的には変わるものではない。すなわち、生徒に育成すべき資質・能力が「三つの柱」として次のように整理されている。

①「何を知っているか、何ができるか（個別の知識技能）」

②「知っていること・できることをどう使うか（思考力・判断力・表現力等）」

③「どのように社会・世界と関わり、よりよい人生を送るか（学びに向かう力、人間性等）」

　この三つの柱に沿って、「今後は特に高等学校において、義務教育までの成果を確実につなぎ、一人一人に育まれた力を更に発展・向上させること」に取り組むことが課題とされ、その実現のための学習指導の方法として「アクティブ・ラーニング」が高等学校でも提唱されている。近年の高等学校教育改革論では、学習到達目標をより明確に見定めるために力点の置き方や表現の仕方が変わってきているのだと捉えておきたい。

6　貧困問題への対応

　近年、特に高等学校段階での問題として注目されたものの一つに、2009（平成21）年から翌年にかけて大きく報道された、卒業証書授与をめぐる不当取扱問題（いわゆる「卒業クライシス問題」）がある。この問題は、卒業時点で授業料を完納できていない生徒に対して、一旦、校長印のない証書を渡したり、一旦手渡した証書を回収したりした問題である。2009（平成21）年3月の卒業生でみると、その数は「調査された12県のうち、少なくとも43校（私立36校、公立7校）、75人（私立67人、公立8人）」にのぼったとされる（鳫咲子「子ども・若者の貧困と教育の機会均等　～卒業クライシス問題と高まる高校版就学援助の必要性～」『経済のプリズム』No.83）。

　学校教育法施行規則には、「校長は、小学校の全課程を修了したと認めた者には、卒業証書を授与しなければならない」（第58条。高等学校に準用）と規定されているため、授業料滞納を理由として卒業が認められないことはあってはならない。この法規解釈上の問題はさておき、この問題が深刻であっ

たのは、背景に家計上の困難が横たわっていたことである。その解消を目指して、次に述べるいわゆる「高等学校無償化」措置が、一層急がれることになった。

2010（平成22）年に「公立高等学校に係る授業料の不徴収及び高等学校等就学支援金の支給に関する法律」が制定され、高等学校教育の授業料をめぐる負担軽減策が具体化された。この法律の施行後、特に私立高等学校に通う生徒については、授業料をはじめとする教育費負担が引き続き大きいケースがあることが覚知された。そのため、この法律は、所得制限（高所得世帯の生徒に対しては就学支援金を支給しない）の導入と、それにともなう公立高等学校（授業料不徴収制度）と私立高等学校等（就学支援金制度）の一本化という観点から一部改正され、法律の題名も「高等学校等就学支援金の支給に関する法律」と改められた。この改正法は、2014（平成26）年度から新規入学者に対して施行されている。

さらに、「子どもの貧困対策の推進に関する法律」（2013年制定）に基づき、「子供の貧困対策に関する大綱」が策定され、高等学校中退の防止や中退者の就労支援・学び直しへの支援などの推進について規定された。

以上の制度改革により、こと授業料については教育費の私費負担がかなりの程度軽減されることになったが、「学校納付金」「通学関係費」「教科外活動費」など、依然として各家庭には大きな負担が強いられている。平成26年度の各家庭の学校教育費支出は公立学校で平均約24万3千円、私立学校では平均約74万円に達している（「平成26年度子供の学習費調査」）。

高等学校の場合には、進学を希望する生徒にとっての進学に関わる経費負担が1つの難題であり、学費負担を一時的にでも軽減させて就学の機会を獲得していく奨学制度の一層の充実が求められる。ところが、これとて「日本の奨学金事業の96％は貸与奨学金であり、貸与終了後は返還しなければならない。特にその大半を占める日本学生支援機構奨学金は、近年、奨学金返還の延滞者数が増加している」（吉田香奈「奨学金の制度」高妻紳二郎編著『新・

教育制度論』、ミネルヴァ書房）という現状にあるため、「借りたら安心」というわけにはいかなくなっている。

　また、生徒の貧困（相対的貧困）をめぐる話題が取り沙汰される機会は多い。何より教育費全体の高騰や経済格差が解消されるべき一大問題であるのだが、実際に生徒を教育指導する立場の教員としては、抜本的制度改革をただ待つわけにはいかない。このような状況下だからこそ、己の境遇と向かい合ってたくましく生き抜く資質能力を生徒たちに育むことを念頭に置かなくてはならない。生徒自身の当面する具体的諸課題に対して、課題解決のための方途を探らせ社会的自立を図る上で効果的と目される創意工夫や努力に励ませることが大切である。たとえば、友人とLINEでつながることのできない生徒がいたら、誰とどうつながっていくのか、生徒に考えさせ、あるいは一緒に考えていく。そのような伴走者的役割が一層求められていると考えておこう。

① 　教育実習中に、指導教員から「SHRで、時事的な話を簡単にしてください」と言われた場合を想定し、ここ1週間のニュースの中から題材を選び、生徒に何かを考えさせるような提起的な話をしてみましょう。
② 　教育実習中に、指導教員から「LHRで、進路について何でもよいので話をしてください」と言われた場合を想定し、仲間に協力をお願いして仲間を生徒に見立てた模擬授業をしてみましょう。

（田代武博）

◆ 参考文献 ◆

文部省『学制百年史』帝国地方行政学会、1972年。
門脇厚司・飯田浩之編『高等学校の社会史』東信堂、1992年。
香川めい・児玉英靖・相澤真一『〈高卒当然社会〉の戦後史』新曜社、2014年。

第3章　高等学校教員に求められる資質・能力

第1節　普遍的に求められる資質・能力

1　中教審答申等に示されてきた教員像

　教員に求められる資質・能力については、中央教育審議会等が示す答申の類でしばしば言及されてきた。それらの資質・能力は基本的には特定校種に限定するかたちで示されずに、教員全体に共通して求められる資質・能力として示される場合がほとんどであった。まずこのことの意味を大事に受け止めなくてはならない。つまり、幼稚園から大学に至るまでの各校種の教員に普遍的に求められる資質・能力があり、高等学校教員として優れる人は、幼稚園から大学に至るまでの子ども・若者たちにとっても一定程度優れる面を既に持っているということである。逆に「高等学校でしか務まらない」という人はそうそういないであろう。教育実習に行く前に、自分が高等学校教諭を志望する動機をその点から見つめ直していただきたい。

　では、これまで普遍的に求められてきた資質・能力とはどのようなものであったろうか。それらの内容を確認してみよう。たとえば、中央教育審議会答申（2005年）では「優れた教師の条件」を、次の3点にまとめて表現している。

> ①**教職に対する強い情熱**
>
> 　教師の仕事に対する使命感や誇り、子どもに対する愛情や責任感など
>
> ②**教育の専門家としての確かな力量**
>
> 　子ども理解力、児童・生徒指導力、 集団指導の力、学級づくりの力、学習指導・授業づくりの力、教材解釈の力など
>
> ③**総合的な人間力**
>
> 　豊かな人間性や社会性、常識と教養、礼儀作法をはじめ対人関係能力、コミュニケーション能力などの人格的資質、教職員全体と同僚として協力していくこと

　この 7 年後に出された中央教育審議会答申「教職生活の全体を通じた教員の資質能力の総合的な向上方策について」（2012 年）でも、上記 3 項目が基本的には踏襲されており、この 3 項目には、現下の教員に求められる資質・能力が最大公約数的に盛り込まれていると言ってよいだろう。教育実習に行く時点で①〜③（の萌芽）をできるだけバランスよく発現できるよう、日頃から心がけて日々修錬に努めることが大切である。

　一方、やや違った観点から資質・態度を捉えている一節にも留意しておきたい。中央教育審議会答申「今後の教員養成・免許制度の在り方について」（2006 年）には、次のような一節がある。

> 　また、教職は、**日々変化する子どもの教育に携わり、子どもの可能性を開く創造的な職業**であり、このため、教員には、**常に研究と修養に努め、専門性の向上を図ること**が求められている。教員を取り巻く**社会状況が急速に変化**し、学校教育が抱える課題も複雑・多様化する現在、教員には、**不断に最新の専門的知識や指導技術等を身に付けていくこと**が重要となっており、**「学びの精神」**がこれまで以上に強く求められている。

　ここでいう「学びの精神」とは、変化に対応する教材研究・授業研究を指すのみではなく、また、特定の場所で特定のテーマについて学ぶフォーマルな教員研修のような性格のものばかりを指すのでもない。生涯学習社会においてキャリア教育の考え方に立った指導や支援が求められる一方、教師自身も生涯学習社会の一員として一生学び続けるという点で背中を見せなければならない。そのような「在り方生き方」のモデルとしての役割の重要性をこの一節は語っているといってよい。

　ここで、教育実習に赴く前にちょっと自問していただきたいことは「模範的なふるまいをしなければならない、失敗をしてはならない」という意識ばかりが強くなってしまっていないかどうかということである。誰しも、小学校以来、「人間は必ず失敗をする。大事なことは、失敗を受け止め、同じ失敗を繰り返さないように何をするのかである」という趣旨のことを教わってきたのではないだろうか。「失敗しないように」という意識が強すぎるあまり、いざ失敗したときに、「凍って」しまったり、取り繕ったりしていてはどうしようもない。その意味で、日頃から、謙虚に、周囲に感謝しつつ過ごすことが大切なのである。自分を凄く見せようとしたり、自画自賛的な態度をとったりすることは謙虚な学びを阻害する要因になりかねない。

　教育活動の特質・本質を言い表す言葉として「教育は人なり」という言葉が古来、使われてきた。この言葉は多義に解釈できるが、総じて、教師の言動の影響力は思っている以上に大きいということを肝に銘じておいていただきたい。

2　教師の社会体験研修

　生徒たちに「社会への橋渡し」を行う立場である教員にとっては、社会をよりよく知るという意味で、社会体験研修制度（公立学校の場合）が大きな意味をもつ。年間のべ3万人ほどがこの研修を受講している。このことは近年、公立学校教員採用選考試験において、民間企業等勤務経験者を別枠で採用し、

その採用を増やしていこうとする動きが活発化していることと軌を一にする。

　社会体験研修の意味とは、単に特定の異業種に関する知識を習得することではない。「生兵法は大けがのもと」というように、中途半端な理解をもって、さも普遍的に信憑性が高いことであるかのように業界の話をすることはかえって生徒を誤った理解に導くことにもなりかねない。知識や技能、流儀や業界常識などをあくまで受入先を１つの例として垣間見ることにこの種の研修の意味がある。すなわち、大切なのはその研修全体を通じて硬直した見解・思考図式から解放されることである。社会体験研修から帰ってきたときに「自分はこの学校のことさえまだ十分に知らないのかもしれない」と不安に感じるようになっていたら、研修の大きな目的が一つ達成されたといってよい。

　また、この研修の意義は「教師は世間知らず」「学校の常識は社会の非常識」と言われてきた背景と重ね合わせて捉えるのが適当であろう。体罰の横行に見られたように、学校は久しく特殊な閉鎖的空間であった。それは、今日でも、例えば生徒が就職に備えて面接練習を重ねた結果、職員室調（「失礼します」ではなく「失礼しました」）の退室挨拶を当たり前のように思って実際の面接の場で使ってしまったりすることに現れる。

　教育実習期間中に、学校教育のある場面がそのように一般常識的感覚から懸け離れてしまっていると感ずる場面があるかもしれない。そのときは、自分自身が今後教員生活を送っていく間に他の教員と協力しながら少しずつ改善に向けた努力をしていくべきこととして心に留めておいていただきたい。

３　教員の資質・能力向上に向けた法規等の改正

　教育基本法改正〔2006（平成18）年〕では、従来、第６条（学校教育）の第２項として設けられていた教員に関する規定が、第９条（教員）として独立条文となった。旧法と改正法の規定はそれぞれ次のとおりである。

〔旧法〕

2 法律に定める学校の教員は、全体の奉仕者であつて、自己の使命を自覚し、その職責の遂行に努めなければならない。このためには、教員の身分は、尊重され、その待遇の適正が、期せられなければならない。

〔改正法〕

法律に定める学校の教員は、自己の崇高な使命を深く自覚し、絶えず研究と修養に励み、その職責の遂行に努めなければならない。

2 前項の教員については、その使命と職責の重要性にかんがみ、その身分は尊重され、待遇の適正が期せられるとともに、養成と研修の充実が図られなければならない。

　独立条文を構成したことに端的にあらわれるように、この改正では教員の資質・能力の向上に一段と期待がかけられた。その背景には、制定後50年という時間的経過だけでなく、改正審議中に発生した時事的問題も存在していた。その問題を、次に挙げる中央教育審議会答申「新しい時代にふさわしい教育基本法と教育振興基本計画の在り方について」〔2003（平成15）年〕の一節の中に見てみよう。

　学校教育の成否は、子どもの教育に直接に当たる教員の資質に大きく左右される。教員に対する評価の実施と、それに応じた適切な処遇の実施や、不適格な教員に対する厳格な対応とともに、養成・採用・研修や免許制度の改善等を通じて、教員の資質の向上を図ることは教育上の最重要課題である。

　このような、学校教育における教員の重要性を踏まえて、教育基本法において、国・公・私立学校の別なく、教員が自らの使命を自覚し、その職責の遂行に努めるという現行法の規定に加えて、研究と修養に励ん

で資質向上を図ることの必要性について規定することが適当である。

　この一節は、新たに規定された第9条（教員）に関する趣旨説明であるが、この文中に登場している「不適格な教員」、あるいは「指導力不足教員」という問題が、当時、報道等でたびたび話題に挙がり、憂慮されていた。教育委員会によって「指導が不適切」と認定された教員の数は、文部科学省のまとめでは、2000年度から2004年度までの間、年度ごとに、65、149、289、481、566と急上昇していた。

　そのような背景から、教員の資質・能力の維持向上は重大な課題と認識され、基本法改正とともに2つの新しい取組が制度化された。その取組とは、免許状更新講習と指導改善研修である。

　2007（平成19）年に教育職員免許法が改正され、2009（平成21）年度から免許状更新講習が開始された。その趣旨は、普通免許状・特別免許状に10年の有効期限を設け、所持者が「最新の知識技能を身に付ける」ための講習を受けることによってそれを更新するというものである。また、同年の教育公務員特例法改正により、「指導改善研修」が制度化された。これは指導が不適切であると認定された教員に対して、任命権者による研修を実施、改善が確認できない場合には「免職その他の必要な措置」を講ずるというものである。

　改正教育基本法の条文中にある「研究と修養」という文言は、従来、公立学校の教員等に対して適用される教育公務員特例法の条文（第22条）の中に示されてきたものであり、それを国立・私立学校教員にも普遍的に求めるために、基本法にも盛り込まれたものである。あらためてこの連語（「研修」という合成語にしないで）をみるとき、「研究」、「修養」という二つの熟語の意味をそれぞれかみしめておかなくてはならない。すなわちこの連語の意味するところは、いわゆる「教材研究」や学習指導法開発など知識技能的刷新の側面と、人格の向上・練磨（修養）の側面の両方に努めなくてはならないと

いうことである。

　人工知能研究が深化し、教員の仕事もいずれロボットにとって代わられるとさえ言われる今日、それらの《新勢力》に担えない教員（人間）の独自性・存在意義を考えていかなくてはならない。生徒の可能性を引き出し、社会的自立を図っていくことは、知識技能の伝達だけでなし得ることではない。

第 2 節　高等学校教員に求められる今日的資質・能力

1　体験活動や課外活動等の支援

　教師に求められる今日的役割として、ボランティア活動や自然体験活動などのさまざまな学校内外での体験活動への誘いもまた大切な役割である。体験活動については、学校教育法条文中にも、2001（平成 13）年改正によって、「教育指導を行うに当たり、児童の体験的な学習活動、特にボランティア活動など社会奉仕体験活動、自然体験活動その他の体験活動の充実に努めるものとする」（第 31 条。高等学校に準用）旨が明記された。これを受けて、学習指導要領（高等学校：2009 年告示）においても、総合的な学習の時間、特別活動の章において、それぞれ、「自然体験や就業体験活動、ボランティア活動などの社会体験、…（中略）…を積極的に取り入れること」、「ボランティア活動などの社会奉仕の精神を養う体験的な活動や就業体験などの勤労にかかわる体験的な活動の機会をできるだけ取り入れること」などと、生徒に対する体験活動の機会提供が従来以上に求められるようになった。

　法規条文中、あるいは法的拘束力を有するとされる学習指導要領の中に、ボランティア活動への参加を規定することについては賛否両論があるものの、一般社会においては社会構造の変化に伴い、ボランティア活動は《やってもやらなくてもよい》というものから、参加を積極的に勧められるもの、できる範囲で参加して各人が意義を体感していくことが期待されるものへと、そ

のニュアンスを変化させているといえよう。

　教師は以上のような体験活動の意義を理解するとともに、体験活動に対する人々の認識や価値観の変化をも読み取って指導に当たっていかなくてはならない。

　また、教育課程外の活動として、部活動の大会や練習試合に参加したりする生徒の引率、さらには、各種資格試験等に備えた対策学習指導なども重要な校務に位置づけられている。入学定員確保のために、あるいは特色ある学校づくりの一環として、それらの活動に重きを置く学校も少なくない。このような場面では、教師に対して、連携協働能力、組織の一員としての事務処理能力、教育活動を幅広く捉える俯瞰的態度などが大事な資質・能力として求められる。

　ただし、こうした課外活動の指導などは、一人一人の教員にとってその負担（感）を大きくしている。2015（平成27）年の中央教育審議会答申「新しい時代の教育や地方創生の実現に向けた学校と地域の連携・協働の在り方と今後の推進方策について」では、「我が国の教員は、課外活動の指導や事務作業に多くの時間を費やし、調査参加国中で勤務時間が最も長いという結果が出るなど、教員の勤務負担の軽減が課題となっている。」と指摘されている。この負担を軽減し、なおかつ課外活動等を一層充実させるため、いま学校の在り方自体が大きく変わりつつある。次項にその在り方（「チームとしての学校」）について述べていきたい。

2　「チーム」としての学校と「社会に開かれた教育課程」

　2015（平成27）年に出された中央教育審議会教育課程企画特別部会「論点整理」では、教科横断的な視点から教育活動の改善を行っていくことや、学校全体としての取組を通じて、教科等や学年を超えた組織運営の改善を行っていくことが求められている。それを実現するために、全教職員が参加する「カリキュラム・マネジメント」を確立することが当面の課題として打ち出

されている。

　そこで求められる教員の姿勢は、自分の受け持つ授業を自己完結的に捉えるのではなく、学年全体、教科全体、学校全体を見渡し、カリキュラム・マネジメントの一角を担うという意識を持って構想する姿勢である。一人一人の教員の日常的意識として、カリキュラム全体に対して占める自分の担当教科等の位置についての自覚が欠かせない。

　「論点整理」で示された上のような認識は、その後、2015（平成27）年12月に中央教育審議会から出された次の3つの答申において、より詳しく述べられている。

---

①「チームとしての学校の在り方と今後の改善方策について」
②「新しい時代の教育や地方創生の実現に向けた学校と地域の連携・協働の在り方と今後の推進方策について」
③「これからの学校教育を担う教員の資質能力の向上について」
　　　　　　　　　（①～③の番号は以下の本文の都合上、便宜上つけたもの）

　同一日に出されたこれらの答申は、焦点のあてどころを異にするものの、その趣旨には共通性がある。そのため、ここではまとめて趣旨を捉えていきたい。

　①の答申では、先に述べたカリキュラム・マネジメントの必要性も含み、学校内でのチーム運営の必要性が次のように述べられている。

　教員が子供と向き合う時間を十分に確保するため、教員に加えて、事務職員や、心理や福祉等の専門家等が教育活動や学校運営に参画し、連携、分担して校務を担う体制を整備することが重要である。

　連携・分担と一括りにいっても、それをうまく機能させるためには、組織マネジメントはもちろん、教員一人一人の「チーム意識」が強く求められる。

　そのように学校の「内」にあって、関係教職員等が一丸となって横断的・

総合的に打ち立てられるべきカリキュラムは、学校の「外」との関係においても、共通する構図によって成り立つことが期待されている。すなわち、「社会に開かれた教育課程」を学校をとりまく社会構成員の協働によって実現していこうというのである。そのことを、②の答申では次のように述べている。

> 　学校や地域が抱える複雑化・多様化した現代的課題に社会総掛かりで対応するためには、いわゆる「教育は学校の役割」といった固定化された観念から離れ、子供たちの成長に対する責任を社会的に分担し、学校における「社会に開かれた教育課程」の実現に向けて、地域住民等がそのパートナーとして子供たちの成長を支える活動に、より主体的に参画するとともに、教育課程の内外の活動の中で地域住民等が持続可能な地域社会の創生につなげていくため、地域における学校との関係を新たな関係（連携・協働）に発展させていくことが必要である。

　上の引用では、主語が「地域住民」になっている。従来、学校と家庭・地域社会との連携というとき、学校側からのはたらきかけ（協力要請）に負うところが大きかった。くわえて、地域住民の学校へのかかわり方としては、「地域から学校への一方向の活動内容」（答申②）に終始することも少なくなかった。今後も学校側がリードする場面は少なくないと考えられるが、関わる相手の主体性を引き出すような《ファシリテーター》的役割が教員には期待される。

　これまで、高等学校教員の場合、保護者や地域住民との接触機会は小・中学校教員に比べれば少なかったといえる。「校区」「通学路」などの概念が双方で大きく異なり、また学校外の人的教育資源を活用する場合も、当然異なるニーズに基づいて接触が進んできた。しかし今後は、校種の如何を問わず、豊かな人間性に根ざした協働が要求されることになっていこう。

　③の答申では、①と②の趣旨を踏まえて、今日の教員に求められる資質能

力が次のように整理されている（傍線引用者）。

> ◇これまで教員として不易とされてきた資質能力に加え、自律的に学ぶ
> 　姿勢を持ち、時代の変化や自らのキャリアステージに応じて求められ
> 　る資質能力を生涯にわたって高めていくことのできる力や、情報を適
> 　切に収集し、選択し、活用する能力や知識を有機的に結びつけ構造化
> 　する力などが必要である。
> ◇アクティブ・ラーニングの視点からの授業改善、道徳教育の充実、小
> 　学校における外国語教育の早期化・教科化、ICT の活用、発達障害
> 　を含む特別な支援を必要とする児童生徒等への対応などの新たな課題
> 　に対応できる力量を高めることが必要である。
> ◇「チーム学校」の考えの下、多様な専門性を持つ人材と効果的に連携・
> 　分担し、組織的・協働的に諸課題の解決に取り組む力の醸成が必要で
> 　ある。

　以上の 3 項目に共通していることとして、「～できる」という表現に表れるように、知識・技能あるいは資質・能力というよりも、むしろ人格特性・行動特性というべき内容が求められていることが指摘できる。目先のことに汲々とせず、先を見通して未然の事柄・未知の対象にどう対応するのかという姿勢・心構えが現在の教員には強く求められている。

　多くの教育実習生の場合、社会をよく知らないままに実習へ赴いて学校に「勤務」することになるのであるから、より一層日々の生活の中で人間性や時代感覚を磨くことに自覚的でなければならない。実習生が学校の事情を知るという意味での「経験」において第一線の教員に劣るのは当然である。授業「経験」という意味ではなおさらである。しかし、人と協働することについてのクセを備えること、そのような経験を重ねることにおいては現役教員に迫ることも十分可能である。

3　情報化への対応

　現代の社会的課題に対応していくための知識技術等の幅は、環境・人権・異文化理解・消費者・食と健康など実に広く、実際に現職教員の研修でもこれらをテーマとして開講されるものはすこぶる多い。とりわけ高等学校での教育実習を志す者にとって共通に大事なこととして、情報化とインクルーシブ教育の流れに対応する教育指導を進めるための資質・能力の涵養を念頭に置かなくてはならない。

　情報化への対応として教師に求められる ICT 活用指導力としては、文部科学省の区分では次の 5 つが挙げられる。

　　① 教材研究・指導の準備・評価などに ICT を活用する能力
　　② 授業中に ICT を活用して指導する能力
　　③ 児童生徒の ICT 活用を指導する能力
　　④ 情報モラルなどを指導する能力
　　⑤ 校務に ICT を活用する能力

（学校における教育の情報化の実態等に関する調査結果）

　特に昨今、ICT 機器については、アクティブ・ラーニングと一体的に捉えられて授業で《活用》することが強く要求されている。たとえば、前掲「審議まとめ」には次のように述べられている。

　ICT の進展を踏まえ、高等学校における新たな教育の在り方の検討を進めていくことは重要であり、**ICT の活用による対話型・協働型の新たな学習形態**の普及に向けた検討を行うことが必要である。また、全日制課程等において、ICT 等を活用した学習効果を高めるための遠隔教育の実施に向けた検討を進めることが必要である。

　教育実習生は、電子黒板、タブレット、デジタル教科書の活用などについては、部分的には第一線の教員を凌駕することが指導教員から期待され、ま

た実際に凌駕している部分も少なくない。言うまでもなく、教育実習生は、日頃「教え」ではなく「（教えるための）学び」に専念しているからそれが可能であるし、さらには日常それらの機器を使って生活し、その意味で時代の最先端をいく者が比較的多いから有利である。

　実習の打ち合わせの際に、自分が担当させていただく教科・科目における、これらの機器の使用現況をよく確かめておき、実習中は、自分でできることがあったら、許可を得て積極的にお手伝いさせていただく心づもりでいよう。

4　個々の特性への対応（インクルーシブ教育）の流れの中で

　第 2 章で述べたように、個性尊重の原則が次第に学校教育の場に浸透してきた。その間に考え方も深化して、人同士のさまざまな《ちがい》は《特性》として肯定的に捉えられるようになってきた。

　その特性という意味での個性尊重の流れを支えている特別支援教育に関しては、いま、高等学校をめぐっても大きな変革の時期にきている。特別支援教育の考え方自体がまだ比較的新しい考え方だといえるが、平成 19 年度の学校教育法改正に絡む制度改正以降、義務教育段階である小学校・中学校段階では、特別支援学級をはじめさまざまな特別支援教育の取組が教育行政上も、また各学校単位でも進められてきた。かたや高等学校においては校内委員会の設置、特別支援教育コーディネーターの指名といった基本的な体制づくりにまずは力が注がれてきた。従来、特殊学級（現在の特別支援学級）が制度上は高等学校にも置くことができるものとされながら、現実としては設置を見送られてきたことから考えれば、そのような展開は大きな変革であるといえる。

　そして、この制度改革の流れの中で発達障害のある児童生徒への対応が 1 つの課題としてはっきり認識されるようになった。2004（平成 16）年には発達障害者支援法が成立し、「自閉症、アスペルガー症候群その他の広汎性発達障害、学習障害、注意欠陥多動性障害その他これに類する脳機能の障害で

あってその症状が通常低年齢において発現するものとして政令で定めるもの」（第 2 条第 1 項）が発達障害として規定された。そして、発達障害児の「年齢及び能力に応じ、かつ、その特性を踏まえた十分な教育を受けられるようにするため、可能な限り発達障害児が発達障害児でない児童と共に教育を受けられるよう配慮しつつ、適切な教育的支援を行う」（第 8 条第 1 項）こととされた。そのことをも踏まえて、学校教育法、同施行規則等の改正が行われ、発達障害のある生徒が特別支援教育の対象としてはっきりと制度的にも位置づけられることとなった。

　また、インクルーシブ教育システム樹立への世界的流れに呼応し、これまでは比較的注意を払われてこなかったさまざまなニーズを抱える生徒たちにも可能な限り広く応えていくような支援のあり方が追求されている。高等学校教員においてもそのことは他校種と何ら変わりなく受けとめられなくてはならない。中教審では次のように、特別支援教育に関する一定の知見が全教員に求められる資質であると明言している。

> 　インクルーシブ教育システム構築のため、すべての教員は、特別支援教育に関する一定の知識・技能を有していることが求められる。特に発達障害の可能性のある児童生徒の多くが通常の学級に在籍していることから必須である。〔「中央教育審議会初等中等教育分科会特別支援教育の在り方に関する特別委員会報告」（中央教育審議会初等中等教育分科会第 80 回配付資料）〕

　さて、以上のように情勢が推移する過程で、小・中学校における「通級による指導」の対象者が大きく増加し、その生徒たちを迎え入れる段階にある高等学校での支援のバリエーションをも増やしていくことが求められている。特に、定時制・通信制の課程においては、「発達障害等困難のある生徒」の割合が、それぞれ 14.7%、15.7% と、全日制（1.8%）に比べて一段と高い割合を示している（「発達障害等困難のある生徒の中学校卒業後における進路に関する分析結果」2009 年）。

　このような状況下で、高等学校における特別支援教育の取組にも新たな動きが出てきている。2016（平成 28）年には「高等学校における通級による指導の制度化及び充実方策について」（高等学校における特別支援教育の推進に関する調査研究協力者会議　報告）が出された。高等学校においても通級による指導を制度化し、あるいはそれ以外の指導の場も含めた多様な「学びの場」を提供する方向に進んでいる。

　ここで留意してもらいたいのは、支援の方向性として、さまざまな方向性があり得ることが示唆されていることである。教育実習先でも生徒一人ひとりの個性・特性に応じた指導の場面に接することが十分に考えられるが、自分がこれまでに見聞きしたことのないような支援形態や一見それと分からないような支援がなされていることがあり得る。特別な配慮がなされている生徒が他の生徒たちに自然に溶け込んでいるような状態が感知できたら、そこからさまざまな事柄をじっくり学んでいただきたい。

　以上ふれてきた障害のある人以外にも、色覚特性上のマイノリティ、性同一性障害その他の性的マイノリティに位置する人たちのように、新たに注意を向けられるようになってきたマイノリティに対する理解も大切である。知識はもちろんのこと、むしろ〈理解〉が大切であることを強調しておきたい。その〈理解〉は、いざ生徒を前にして話すときに言葉や態度にあらわれる。このような側面でこそ若い世代である〈教師の卵〉としての姿勢・態度を生徒たちに示してリードしてほしい。思春期の生徒たちの中には、日常、過激な表現や極端な言い回しをあえて使おうとする生徒も少なからずいることであろう。そのとき、ちょっと立ち止まって考えさせることが生徒たちよりも少し先を歩いている実習生に期待される大事な役割だといえる。

①教育実習で自分が授業を担当させていただく際に、間違った板書をして
　しまうことは十分にあり得ます。板書の間違いに気づいたとき、生
　徒からそれを指摘してもらったとき、それぞれどう対応するのか、生
　徒役を前にして簡単に練習し、何が大切なのかを確認しておきましょ
　う。

②「最近失敗したこと」「最近感動したこと」をテーマにして、生徒役
　を前にして 1 〜 3 分間でスピーチを行って下さい。終わったら、生徒
　役の人から意見・感想をいただきましょう。

（田代武博）

◆ 参考文献 ◆

中央教育審議会初等中等教育分科会高等学校教育部会「初等中等教育分科会高等学
　校教育部会　審議まとめ　〜高校教育の質の確保・向上に向けて〜」、2014 年。
佐藤学『専門家として教師を育てる』岩波書店、2013 年。
千々布敏弥『日本の教師再生戦略』教育出版、2005 年。

第4章　現在の高校生の理解と指導

―高校生のキャリア形成をめぐって―

第1節　高校生のキャリア形成と進路指導

　現在の日本の学校制度において、義務教育は中学校までである。そのためすべての生徒は中学校卒業時に、はじめての大きな進路選択の機会を迎えることになる。

　ただし、文科省『平成27年度学校基本調査』（2015）（図1）をもとに中学校卒業時点における進路状況をみてみると、高等学校をはじめとした高等専

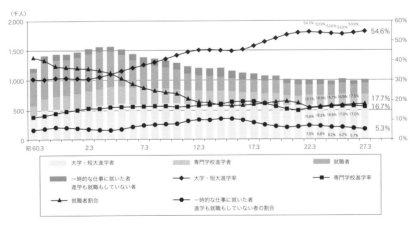

図1　高等学校卒業者の進路状況（文科省『学校基本調査』2015より）

門学校、中等教育学校（いわゆる中高一貫校）などの後期中等教育機関への進学率が、全日制・定時制・通信制（本科）等への進学率を含めると98.5％に上っていることが分かる。つまり中学校卒業者のほとんどが高等学校などの後期中等教育機関へと進学しているのである。この状況を踏まえると、多くの生徒たちにとって、自身のその後の人生に一定の方向性を与えるような初めての大きな進路選択は、実質的には高校生の時期に行われているのだと言ってもよいだろう。高校での３年間は、生徒にとって自身の生き方や将来のキャリア設定を踏まえた実質的な進路選択を行ううえで大切な時期にあたる。それでは現在の高校生たちは、実際にはどのような進路を選択しているのだろうか。

　高校卒業時の進路選択としては、まずはより上級の学校へ進学をするか、もしくは就職をするかに分かれることになる。先ほどの学校基本調査によると、高等学校卒業者のうち大学学部・短期大学本科入学者（過年度卒業者等を含む）、高等専門学校第４学年在学者、専修学校（専門課程）入学者からなる高等教育機関入学者の割合は71.2％であり、高校卒業者の約７割がより上級の学校へ進学をしている。

　進学先としては、大学・短期大学が54.6％（大学が48.9％、短期大学が5.2％）であり、中等教育修了者を対象とした専修学校（専門課程）が16.7％である。とくに４年制大学への進学率はここ20〜30年の間に大きくなり、高校卒業と同時に就職して社会に出る生徒の割合は大きく減少した。

　実際に、NHKが全国の中学生・高校生を対象として2012年に行った意識調査によると、「進学の最終目標」について、中高生で「大学・大学院まで」進学したいと答えた人は６割近くに上り、過去４回の調査と比べると最多となった。男子では「大学・大学院まで」進学したい人は30年前の47％から64％へ増えており、また女子でも「大学・大学院まで」が23％から53％へと大幅に増加している。高校生の大半が大学への進学を希望し、実際に進学していることを踏まえると、教育実習生はまさに数年後の自分自身

の姿として映ることになる。教育実習生は、彼ら・彼女らの抱く「大学生」像に直接的な影響を与え得るというだけではなく、彼ら・彼女らの卒業後の進路設計にも大きな影響を与え得るのだと自覚しておく必要があるだろう。

　このように大学進学率は年々大きくなっているが、その一方で、高校卒業者の約半数は各種専修学校への進学や就職など、大学進学とは別の進路へと進んでいる。そのなかでも、とくに進学以外の進路を選択する生徒は、就職者（正規の職に就いた者）の割合が17.7％、一時的な職に就いた者および進学も就職もしていない者の割合が5.3％となっており、高校卒業者の 2 割ほどが、卒業と同時に社会に出ていくことになる。このような生徒たちにとっては、高等学校が社会に出る前の最後の教育機関となる。したがって教育実習生は、高校生の将来の進路設計に直接的な影響力を持つ可能性があると同時に、「最後の教育機関」において学習指導にあたっているのだという責任も自覚しておく必要がある。

　どのような進路を選択するにせよ、高校生の時に行われるキャリア形成は彼ら・彼女らにとって非常に重要であり、近年では学校においてキャリア教育を推進する動きも急速に広がっている。ここ 10 年ほどの間、キャリア教育に関連した意見書や提言は、文部科学省はもちろん厚生労働省や経済産業省など他の省庁や内閣府からも毎年のように打ち出されている。それと同時に、学校にはキャリア教育への具体的な取り組みが求められるようになった。現在では多くの中学校・高等学校において、5 日間の職場体験学習やインターンシップが教育課程の中に組み入れられており、キャリア教育は具体的な教育活動として展開されるようになっている。

　文科省が考えるキャリア教育とは、どのようなものだろうか。2005 年に文部科学省が作成したリーフレット『キャリア教育の推進に向けて─児童生徒一人ひとりの勤労観、職業観を育てるために─』によると、「キャリア教育」とは「児童生徒一人一人のキャリア発達を支援し、それぞれにふさわしいキャリアを形成していくために必要な意欲・態度や能力を育てる教育」で

あり、端的には、「児童生徒一人一人の勤労観、職業観を育てる教育」である。つまり、児童生徒が勤労観や職業観を持てるようになること／児童生徒の勤労観や職業観を育てることが、文科省の考えるキャリア教育であると読むこともできる。

　以下では、「勤労観・職業観」という言葉がキャリア教育の中核として位置づけられるようになった背景や、これまで職業指導や進路指導と呼ばれていた教育活動が「キャリア教育」に含まれるようになる際の政策的な展開を追いながら、高校生のキャリア形成にとって重要な、学校のキャリア教育をめぐる近年の動きと課題をみていこう。

第2節　これまでの背景：職業指導と進路指導

　まずはキャリア教育が政策として導入される前の、学校における職業指導や進路指導の政策的な展開を簡潔に確認しておきたい。1915（大正4）年に教育学者で教育実践家でもあった入沢宗寿が、著書『現今の教育』において、アメリカの「vocational education」を「職業指導」として紹介したのが最初であるとされる。義務教育終了と同時に就職する生徒が大半の時代において、学校教育に求められた役割の一つは、学校から社会への移行の支援であり、それはすなわち職業指導であった。

　戦後、1947年の学校教育法の公布により、学校における職業指導は中学校教育の重要な目標となり、生徒の「個性に応じて将来の進路を選択する能力を養うこと」が定められた。同年発行された『学習指導要領（試案）』では中学校に「職業科」が新設され、1951（昭和26）年の学習指導要領改正では「職業・家庭科」となった。これ以降、行政における職業指導の指針は、主に学習指導要領において取り扱われるようになっていく。

　この頃、学校の内部では、従来の「職業指導」という名称に対する疑問やその内容が問題視されるようになる。例えば、「職業指導」が単に特定の職

業に従事するために必要な知識や技能を身につけさせる目的で行われる「職業のための教育」と混同されがちであったり、職業斡旋や選職指導として狭くとらえられがちであったり、また、進学指導や生活指導とは全く別の教育活動として捉えられがちであったためである。実際に1950年代になると、中学校では高等学校への進学を希望する生徒が増加したため、いわゆる「進学のための指導」が行われるようになるが、その一方で、就職希望の生徒に対しても「就職のための斡旋」が行われるようになる。社会状況の変化とともに、学校には、進学や就職の指導を行うことが求められていったのである。

　もちろん、就職のための指導も進学のための指導も、広い意味で当時の「職業指導」に含まれるものであった。しかし、1957（昭和32）年、中教審答申「科学技術教育の振興方針について」において「進路指導」という言葉が用いられて以降、教育課程では従来の職業指導に代わって、進路指導という言葉が用いられるようになっていく。その後、中学校では1958（昭和33）年に、高等学校では1960（昭和35）年に学習指導要領が改訂され、その中で「進路指導」という言葉が用いられるようになり、学校で行う指導は「進路の指導」となっていった。

　さらに、このときの学習指導要領の改訂では、職業指導を一つの教科として扱うことが廃止され、「職業・家庭科」は「技術・家庭科」へと変更される。職業指導は、のちの特別活動である特別教育活動の中の学級活動へ移されると同時に、「進路指導」として扱われるようになったのである。それに加えて1969（昭和44）年の学習指導要領改訂では、進路指導は学校の教育活動の全体を通じて組織的・継続的に行われることとされ、教育課程の全分野と関連するものであることが示された。たとえば社会科の公民分野には「職業と生活」が、学校行事には「勤労・生産的活動」が、新たに加えられることになった。

　1960年代になると、高度経済成長を通じて高校進学率と大学進学率は大きく上昇する。1970年代には高校進学率は9割を超え（1974年）、大学進学

率は 3 割を超えた（1973 年）。この頃アメリカでは、すでに経済構造の変化、若年層の高い失業率などを背景として、キャリアエデュケーションに関連する政策、法令、実践の運動などが全米規模で展開されていた。しかし、このキャリア教育の理念や視点が、直ちに日本の教育政策に大きな影響を与えることはなかった。当時の日本では、若年層の失業率はアメリカほど大きな問題になっておらず、高い進学率を背景として、学校に対して実質的な進学指導が求められていたことが理由として挙げられる。他方で企業の側も、職業的能力の開発については入社後の企業内教育を前提としており、それ以前の学校教育の段階に対して多くを求めていなかったのだと思われる。

　1990 年代になると、若年の就業をめぐる状況は大きく変化する。乾彰夫によれば、1960 年代に成立した日本型の雇用形態は、一定の調整弁としての非正規雇用（社外工・期間工など）および長期雇用から外れた女子正規雇用を含みながらも、人員のほとんどを正規・長期雇用従業員で賄っていた。しかし 1990 年代に入ると、その抜本的な再編成が図られるようになる。代表的な例は、1995 年に日経連が発表した「新時代の「日本的経営」」である（表 1）。それは、従業員を①従来型の終身雇用的雇用管理が適用される「長期蓄積能力活用型グループ」（管理職・総合職・技術部門の基幹職）、②有期雇用契約で年俸制などの業績給が適用される「高度専門能力活用型グループ」

表 1　新時代の「日本的経営」における雇用形態（日経連、1995）

	雇用形態	対象	賃金	賞与
①長期蓄積能力活用型グループ	期間の定めのない雇用	管理職、総合職、技能部門の基幹職	月給制か年俸制、職能給、昇給あり	定率＋業績スライド
②高度専門能力活用型グループ	有期雇用	専門部門（企画、営業、研究開発など）	年俸制、業績給、昇給なし	成果配分
③雇用柔軟型グループ	有期雇用	一般職、技能・販売部門	時間給、職務給、昇給なし	定率

（企画・営業・研究開発の専門部門）、③有期雇用契約で時給制の「雇用柔軟型グループ」（一般職・技能部門・販売部門）の3つの層に分け、長期雇用に適用される層を絞り込み、それ以外を即戦力中途採用に頼る有期雇用従業員やパート・派遣などの非正規従業員に移行させる雇用管理モデルを示すものであった。

　実際に、新規雇用者総数はバブル崩壊直後の1993、1994年にかけて落ち込みながらも、その後は回復に向かっていく。しかしその内訳をみると、とくに1990年代では正規労働者の数は停滞しているのに対し、非正規労働者の数は大きく増加している。そしてこの傾向は現在も続いている。

　このような1990年代を通じた雇用状況の変化における「新卒就業の問題」（第2章「デフレ下で厳しさを増す若者雇用」）について、2003年の内閣府『国民生活白書』は、次のような見解を示している。

　　卒業後進学せず、正社員として働いていないフリーターが大幅に増加している。近年の経済の低迷や企業の雇用戦略の見直しを受け、企業は既に働いている正社員を減らすのは難しいので、新卒正社員採用を厳しく抑制することで雇用調整を行っているためだ。一方で、希望どおりの就職ができなかった若年は、働く意欲を失っており、そのことが、さらなる企業の採用意欲の減退につながっている。

　若年層の厳しい雇用・労働状況とその原因が、経済状況の変化、特に雇用形態の変化という社会の構造的な問題にあり、その結果として若者の就労意欲が奪われているとの指摘である。

　若年層の厳しい雇用・労働状況は、学校の内部においても、特に進路指導に対する新たな課題として認識されていた。そこには、従来の進路指導は一人一人のキャリア発達を体系的・組織的に支援するといった意識や指導計画における各活動の関連性・系統性が薄く、必ずしも能力・態度の育成に十分

結びついてたとは言えないのではないかとか、また、進路決定の指導に重点が置かれ、進路先の選択・決定などにかかわる「出口指導」や、生徒の適性や進路と職業・職種との適合を主眼とした進学指導・就職指導が中心となりがちだったのではないかとか、さらには、専門科高校の職業教育においても、専門的な知識・技能を習得させることに重点が置かれていたのではないか、といった反省や批判があった。

　ただし、従来の進路指導に対する批判の一部は、すでに1970年代から重要な課題として認識され、学会での議論や教育実践での取り組みとして展開されていた。そのため教育界の内側においても、生徒のキャリア発達を支援するという視点に立って専門的な知識・技能を習得することの意義を理解し、将来の職業を自らの意志と責任で選択し、専門的な知識・技能の習得に意欲的に取り組めるような支援が必要であるという認識があった。キャリア概念への関心は教育界の内側においても、一定程度あったと言えるだろう。

第3節　キャリア教育の導入

　「キャリア教育」という言葉が文科省の行政文書のなかに初めて登場したのは、1999年の中教審答申「初等中等教育と高等教育の接続について」においてである。この時、キャリア教育とは、「望ましい職業観・勤労観および職業に関する知識や技能を身に付けさせるとともに、自己の個性を理解し、主体的に進路を選択する能力・態度を育てる教育」であるとされた。それまでの「進路指導」が、「生徒が将来の進路を自主的に選択することができるよう援助・支援する教育」であるとされていたことから、まさにこの「勤労観・職業観」という新しく加わった概念は、キャリア教育を特徴づけるものであると言えるだろう。

　なお、この答申は「初等中等教育と高等教育の接続の改善について」と題されている。この「接続」には、直接的には「受験準備教育」や「出口教

育」と揶揄されるような、従来の進路指導の在り方に対する疑問や改善が念頭に置かれている。ただし、児美川孝一郎によれば、この答申の問題設定は、従来の進路指導への疑問や改善といった次元を超えたものである。というのも、そもそもこの答申に「キャリア教育」という言葉が登場するのは、「第6 章　学校教育と職業生活との接続」においてであり、キャリア教育が必要となる根拠として挙げられているのは、次のような状況認識に他ならないからである（下線は著者による）。

> 新規学卒者のフリーター志向が広がり、高等学校卒業者では、進学も就職もしていないことが明らかな者の占める割合が約 9% に達し、また、新規学卒者の就職後 3 年以内の離職も、労働省の調査によれば、新規高卒者で 47%、新規大卒者で 32% に達している。こうした現象は、経済的な状況や労働市場の変化なども深く関係するため、どう評価するかは難しい問題であるが、学校教育と職業生活との接続に課題があることも確かである。

> 学校と社会及び学校間の円滑な接続を図るためのキャリア教育（望ましい職業観・勤労観および職業に関する知識や技能を身につけさせるとともに、自己の個性を理解し、主体的に進路を選択する能力・態度を育てる教育）を小学校段階から発達段階に応じて実施する必要がある。

　問題にされているのは、初等中等教育と高等教育との接続ではなく、明らかに、学校から仕事への移行という意味での接続である。したがってこの「接続の改善」とは、学校から仕事への移行の困難化——若年層の厳しい雇用・労働状況——の改善を、学校教育が引き受けようとしているのだと言える。そこには、本来教育によって養われるべき個人の意識や態度の問題が、若年層の雇用や労働をめぐる厳しい現状を生み出しているのだとの認識があ

り、さらには、「若年層の雇用問題は、若年層の失業率の上昇、離職の増加、フリーターの増加といったものだけではなく、若者の勤労意欲の低下や職業観・労働観の未成熟といった問題もあるのだ」という中教審の姿勢をうかがい知ることができる。先に引用した2003年の『国民生活白書』が、若年層の雇用・労働状況について、社会構造の変化という問題の結果として、若者の意欲が低下しているという認識を示していたのとは対照的である。

　ちょうどこの頃、現在の若年者を取り巻く厳しい雇用・労働状況を生み出しているのは、当の若者個人の意識の問題なのではないかという認識が、新聞やテレビなどのマスメディアをはじめ、行政による提言や意見書の中にも登場するようになる。最も代表的なのは、2004年から2005年にかけて日本で急速に広まった、「フリーター」や「ニート」をめぐる言説である。これらは、学校における児童生徒の勤労や職業に関する意識──「勤労観・職業観」の育成──や、規範形成──道徳教育の充実──を推進する政策方針へ大きな影響を及ぼすこととなった。「キャリア教育」もまた、これらの議論に押されるかたちで、若年層の雇用問題の深刻化への対策として「勤労観・職業観」の育成を謳っていたのである。

　さらに、2003年には、文部科学大臣、厚生労働大臣、経済産業大臣および経済財政政策大臣が合同で、「若者自立・挑戦プラン」を発表する。この「若者自立・挑戦プラン」の目標は次のようなものである。

　　本プランにおいては、フリーターが約200万人、若年失業者・無業者が約100万人と増加している現状をふまえ、当面3年間で、人材対策の強化を通じ、若年者の働く意欲を喚起しつつ、すべてのやる気のある若年者の職業的自立を促進し、もって若年失業者等の増加傾向を転換させることを目指す。

「意欲」と「やる気」によって失業者を減らすというこの目的も、問題の

原因を若者個人の意識に求めている点において、先の中教審答申と同様の立場にある。

　さらに翌2004年、基本的には前年に発表された「若者自立・挑戦プラン」の方針にそった形で、文科省の「キャリア教育の推進に関する総合的調査研究協力者会議」が最終報告「キャリア教育の推進に関する総合的調査研究協力者会議報告─児童生徒の一人一人の勤労観、職業観を育てるために─」を出す。この最終報告において、「キャリア」および「キャリア教育」があらためて定義され、これが現在まで用いられている。

　この最終報告によれば、キャリアとは、「個々人が生涯にわたって遂行する様々な立場や役割の連鎖及びその過程における自己と働くこととの関係づけや価値の累積」であり、キャリア教育とは、「児童生徒一人一人のキャリア発達を支援し、それぞれにふさわしいキャリアを形成していくために必要な意欲、態度や能力を育てる教育」である。1999年の中教審答申による定義が、「キャリア」という概念をほとんど生かしていなかったことと比べると、2004年版の定義は、より「キャリア教育」らしくなったと言えるだろう。「望ましい職業観・勤労観」という言葉は消えたが、キャリアを形成していくために必要な意欲・態度・能力を育てることがキャリア教育であるという定義からは、2004年版においても、「観」の教育を引き継いでいこうという姿勢がうかがえる。

第4節　キャリア形成は生徒の気持ちの問題なのか

　キャリア教育が求められる背景としての、2000年前後における若年層の雇用・労働状況に対する認識は二通りあった。一つは、就業をめぐる環境の変化とその評価である。1990年代から経済をめぐる状況は大きく変わり、雇用・労働形態も激変した。とくに注目したいのは、正規雇用・終身雇用・年功序列から非正規雇用・即戦力・中途採用志向へという変化である。この

変化は社会の全世代に対してではなく、とりわけ若年層に大きな負担を強いる形で表面化していった。

　もう一つは、上のような雇用・労働形態の激変に伴い、労働者に求められる資質や能力が変わっていったことである。具体的には、経済産業省・厚生労働省・文部科学省などを中心に、新採者の高い離職率や就労意欲、規範意識などを問題視し、学校に対して働くことへの興味関心、目的意識、意欲・態度、責任感・使命感、基本的マナー・対人関係能力などを強く求めるようになっていった。キャリア教育関連政策は、この求めに応えるかたちで進められてきたと言えるだろう。

　若年層の厳しい雇用・労働状況とそれをめぐる問題を若者個人の意識の問題であるとみなし、その意識を改革する——望ましい「勤労観・職業観」を育成する——ことによってそれへの対策を試みる政策的な方針の中で、キャリア教育は進められてきたのである。

　このような政策的な方針については、疑問や批判の声もある。乾は、2001年の時点ですでに、職業観・勤労観の強化に特化した職業教育・進路指導が進められていくことの危険性を、次のように指摘している。彼は、経済的支援や社会保障など学校教育以外の支援の必要性を指摘したのち、次のように述べる。

　　学校での職業教育・進路指導等の充実は、こうした学校外の取り組みと結ぶときに、本当の意味で大きな力を発揮するであろう。逆に、こうした学校外の取り組みや見通しを抜きに「職業意識」「進路意識」の強化だけが図られた場合、それは若者たちへの「やりたいこと」プレッシャーを過剰にあおることだけになり、それでも正規就職できない若者たちへの「挫折感」や過剰な「自己責任意識」を生み出すことにつながる危険性さえ感じられる。

　また児美川によれば、文科省の「キャリア教育」政策は、もっぱら子ども
たち・若者たちの「勤労観・職業観」をどう育成するかという点に収斂して
いるため、二つの問題が生じている。一つは、「現在のキャリア教育政策で
は、「観」の教育を重視するがゆえに、子どもたち・若者たちが将来の職業
世界に漕ぎ出していくための、まっとうな専門的技術・技能の教育（専門性
の育成）をどこで、どう保障するのかという視点を、勢い希薄にしてしまい
かねない危うさももっている」こと。そしてもう一つは、「"あるべき"勤労
観や職業観、"望ましい"勤労観・職業観を身につけさせるといった形で、
（キャリア教育が）道徳主義的に理解されてしまうおそれがある」（括弧は著者
による）ことである。

　たしかに、キャリア教育と道徳教育とのかかわりは次第に強化されている
ようにみえる。2006 年に改正された教育基本法では、公共の精神や道徳心
の涵養とともに、教育の目標として、「職業及び生活との関連を重視し、勤
労を重んずる態度を養うこと」が謳われるようになった。また 2011 年に実
施された新しい学習指導要領では、小学校 1・2 年の道徳の内容に新たな項
目として、「働くことの良さを感じて、みんなのために働く」が加わってい
る。

　このように考えると、近年のキャリア教育における「勤労観・職業観」の
強調は、現在の若年層の厳しい雇用・労働状況が若者個人の意識の問題に起
因するものであるという評価についての、具体的な教育政策として現れたも
のであると言えるかもしれない。

（岡野亜希子）

◆ 参考文献 ◆
乾彰夫『〈学校から仕事へ〉の変容と若者たち―個人化・アイデンティティ・コミ
　ュニティ―』青木書店、2010 年。
乾彰夫「若者たちの労働市場のいま―「学校から仕事へ」の移行過程変容の性格と
　課題―」竹内常一・高生研編『揺らぐ〈学校から仕事へ〉―労働市場の変容と

10 代—』青木書店、2001 年。

NHK 放送文化研究所編『NHK 中学生と高校生の生活と意識調査 2012—失われた 20 年が生んだ "幸せ" な十代—』NHK 出版、2013 年。

NHK 放送文化研究所編『NHK 中学生・高校生の生活と意識調査—楽しい今と不確かな未来—』NHK 出版、2005 年。

ケネス・B・ホイト編著（仙崎武・藤田晃之・三村隆男・下村英雄訳）『キャリア教育—歴史と未来』雇用問題研究所、2005 年。

児美川孝一郎『権利としてのキャリア教育』明石書店、2007 年。

児美川孝一郎「「若者自立・挑戦プラン」以降の若者支援策の動向と課題—キャリア教育を中心に—」『日本労働研究雑誌』第 602 巻、2010 年。

谷茂岡万知子「学校教育における進路指導の歴史的展開—若年労働者のキャリア形成考察の手懸りとして—」『東京大学大学院教育研究科紀要』第 38 巻、1998 年。

中央教育審議会「初等中等教育と高等教育との接続の改善について（答申）」1990 年。

日本キャリア教育学会編『キャリア教育概説』東洋館出版社、2008 年。

耳塚寛明編『教育格差の社会学』有斐閣アルマ、2014 年。

文部科学省『キャリア教育の推進に向けて—児童生徒一人ひとりの勤労観、職業観を育てるために—』2005 年。

第5章　高等学校現場の状況

　本章では、教育実習に赴く高等学校現場の実態について、組織運営、教員の職務、教育実習生に対する要望を中心に説明していく。自らが教育実習を体験する高等学校現場が、現在、どのような状況に置かれ、教育実習生に何を望んでいるのかを事前に予備知識として理解しておくことは、教育実習生として必要不可欠だからである。

第1節　学校組織の特質

1　学校組織の特質

　「学校教育法」では、その第1条に「この法律で、学校とは、幼稚園、小学校、中学校、義務教育学校、高等学校、中等教育学校、特別支援学校、大学及び高等専門学校とする」（平成27年6月24日改正公布、同28年4月1日施行）とあって、9種類の学校が規定されており、これらの学校は「1条校」と総称され、公的な学校とはこれらを指している（義務教育学校は、平成27年6月の「学校教育法」改正によって登場し、小・中学校の9年間の義務教育を一貫して行う学校）。これら9種類の学校の中で、大学及び高等専門学校以外の学校の教員（教諭）には、教育職員免許状の所持が義務づけられている。

　一般的に学校といえば、小学校、中学校、高等学校、大学を指すが、特に、小学校、中学校、高等学校には独特の「学校文化」なるものが存在しており、学校組織の特質形成の背景をなしていると考えることができる。「学校文

化」なるものは、明治初年の近代教育開始以降、百数十年にわたって醸成されてきたものであり、民間企業など、他の組織体に属する人々から見れば理解しづらいものである。

　学校組織の特質としてあげられるものは、まず、第一に、人間関係が極めてフラットであるということである。即ち、民間企業や他の公務員のように細分化されたヒエラルキーが存在しないのである。

　元来、学校管理職（教員の中の管理職、事務長は除く）は、校長、教頭または副校長（平成 19 年 6 月の「学校教育法」改正により登場）のみであり、その他の正規教員はすべて教諭という極めてフラットで緩やかな人間関係の職場であった。この特性を生かし、全教職員が協働して学校経営を行ってきていたのである。このような、学校組織特性を「なべぶた型」と通称することもある。

　だが、近年、学校を取り巻く教育環境の激変を背景に、学校組織も変貌を遂げつつある。即ち、文部科学省は、管理職と教諭との間に、主幹教諭や指導教諭などの中間管理職を登場させることによって、組織としてのラインを重視する方向性に向かいつつあるのである。

　第二の特質としては、学校組織は官僚型組織と専門職型組織とを兼ね備えた複合型組織であるということである。

　学校組織は、校長をトップとして、その指導・監督の下に、教職員間の連携が保持され、組織としての統合性を有している。

　一方、教員は「新しい専門職」（子どもたちの人格形成に寄与する教育専門職であるという捉え方であり、現在の教師観の大勢となっている）と見なされ、専門的知識と技能を有し、教員免許状の所有が義務づけられることからも、専門職の集合体としての専門職型組織と見なすこともできる。

　近年、このような学校組織の特質を転換し、官僚型組織面をより強化しようとする組織改革が行われ始めている。

　即ち、独特の「なべぶた型」の階層構造を改め、民間企業や他の公務員と

同様な「ピラミッド型」の階層構造に転換することを文部科学省は意図している。

　中間管理職としての主幹教諭や指導教諭を設置することによって、学校組織に行政管理的手法を導入し、様々な諸課題の解決を目指そうとしているのである。学校を取り巻く教育環境の激変によって、文部科学省の方針のみならず、各都道府県・市町村教育委員会単位や各学校現場においても、組織運営強化のため、組織のトップとしての校長の権限を強化し、組織構造を企業経営型へと転換することが迫られている。利潤追求が最大目的の企業とは異なり、人づくりを目的とする学校組織に企業経営の手法を導入することが妥当なのかどうかという異論は根強く存在する。

　だが、従来通りの学校組織ではもはや対応できない現実を前に、学校現場は大きな転換を迫られている現状にあることは知っておいて欲しい。

　第三の特質としては、学校組織は、四つの側面に細分されるということである。

　1番目は教育組織、2番目は校務分掌組織、3番目は学校運営組織、4番目は研修組織である。

　教育組織とは、児童・生徒の教育活動を担う組織である点に着目したものである。各教員の自主性や専門性が尊重されるとともに、組織のトップとしての校長の適切な指導・助言も必要であり、教員間の協働が求められている。

　校務分掌組織とは、校内すべての業務を教職員が分担することによって、円滑に組織運営がなされている点に着目したものである。事務処理的業務も含まれるため、学校を業務組織としての側面から捉えたものといえよう。

　学校運営組織とは、校長の指導の下、全教職員から構成される職員会議を始め、様々な会議が学校運営組織、即ち、学校の意思決定組織として設けられている点に着目したものである。

　研修組織とは、教員の資質・能力の絶えざる向上のため、研修部などの分掌が置かれ、研究・研修活動を行う組織である点に着目したものである。

2　学校経営とは

　学校経営と学校運営はほぼ同義の概念であるが、近年、学校教育の分野に
も企業経営の理論や技術を導入することが一般化したため、学校経営という
用語の方が定着してきている。

　学校経営とは、学校教育目標の効率的達成のために策定した学校経営計画
（学校経営方針）に基づき、教職員・予算・設備などを有効活用することによ
って、教育の質の維持や向上を目指す活動を意味している。

　学校経営は、PLAN（計画）→ DO（実施）→ CHECK（評価）→ ACTION
（改善）という、PDCA サイクルに沿って行うことが一般的であり、これを
学校経営マネジメントサイクルと呼ぶ。

　表 1 は、東京都立 A 高等学校の学校経営計画書である。

　冒頭、「目指す学校」という形で学校教育目標が提示されている。ここで
は、学校の存在意義や教育活動の特色が述べられている。

　続いて、学校教育目標達成のための具体的目標や方策が段階的に示されて
いる。

　まず、「中期的目標と方策」として、3 〜 5 年程度（校長の平均的な同一校在
職期間）の目標と方策が示されている。さらに、当該年度の目標と方策が、
詳細、かつ、具体的に示され、特に、その 1 年間の重点目標とそれを達成す
るための方策も示されている。当該年度 1 年間については数値目標も示され、
前年度と比較できるようになっている。数値目標が示されている理由は、学
校経営の目標や方向性がより明確になることによって、学校経営評価が客観
的に行えることがあげられる。

　このような学校経営計画の策定は、「開かれた学校」として、各学校が情
報を開示し、児童・生徒や保護者・地域住民などの学校への要望を広く反映
した学校経営を行うためにも不可欠であるといえよう。

表 1　学校経営計画書の具体例

平成 28 年度　東京都立 A 高等学校経営計画

東京都立 A 高等学校長
校長名

1　目指す学校

規律ある学校生活の中で、学習と部活動を高いレベルで両立し、グローバルな視野をもった人を育てる。

> 「自主」"Independence"「誠実」"Sincerity"「英知」"Intelligence" の校訓のもと
> ○国際理解教育を推進し、国際社会に貢献できる生徒を育てる。
> ○論理的、実践的な英語力を伸長させる。
> ○思いやりの心と高い規範意識をもち、自他を尊重、共に助け合える生徒を育てる。
> ○地域から信頼され、地域社会に根ざした学校としていく。
> ○生徒の生命・健康を何よりも優先し、生徒一人一人を本当に大切にしていると生徒・保護者が実感できる教育活動を行う。
> ○生徒の進路希望の実現を学校全体で支援し、その実現を図ることで生徒・保護者に喜んでもらえる学校としていく。

2　中期的目標と方策

(1) 東京グローバル 10 指定校として、国際理解教育の推進と質の高い英語の授業を柱とし、あらゆる教科で多角的な考え方を養い、言語能力・論理的思考力・コミュニケーション能力を育成する。

(2) オリンピック・パラリンピック教育として、本校では国際交流等をとおして、生徒の日本人としての自覚と誇り及び豊かな国際感覚を育成する。

(3) 全教員が質の高い授業を行い、すべての顧問が密度の高い部活動実践に関わって、家庭学習の習慣化と学習時間を確保、学習と部活動等を高いレベルで両立させる。

(4) ルールやマナーを重んじ、規律ある生活習慣のための生活指導を行い、自主性、社会性、責任感、思いやり、協同の精神、リーダーとしての資質能力を育成する。

(5) 三年間を見通したキャリア教育、土曜授業、朝学習（読書）、放課後や長期休業日中の講習を通して生徒の学習意欲を向上させ、より高い進路目標の実現を図る。

(6) 図書館の活用、自習スペース整備、習熟度別少人数指導の充実、学習到達目標

の設定、教員相互の授業参観や校内研修により授業力を高め、教育環境・条件を整備していく。

(7) 近隣小中学校をはじめとする地域諸機関と積極的に連携、スポーツ教室や学校開放を行い、社会貢献活動等を通して生徒の健全育成を図る。

(8) ホームページ、塾・学校訪問等を通して本校に「入学したい」と希望する受検生の開拓と募集活動に取り組む。

(9) スクールカウンセラーを活用、校内特別支援教育推進体制を整備し、発達障害などの生徒に対する理解、対応を図る。

(10) 経営企画室職員との連携体制を構築、教育活動への参画を強化し、教育活動に合わせた適正な予算執行と施設・設備の保守改善に努める。

3 今年度の取り組みと方策

(1) 学習指導

・すべての教科でグローバル教育を推進、多角的な視野に立つさまざまなものの見方考え方の習得、言語能力を向上、論理的思考力、国際社会に貢献できる資質・能力の育成。

・家庭学習を前提とした授業方法の工夫、土曜日授業、放課後、長期休業日中の補習・講習実施による学習時間の確保。

・学力スタンダードに基づく週ごとの指導計画、シラバス、校内研修・教科会等の取り組みによる明確な目標設定と授業の質的向上。

(2) 進路指導

1年：バランスの取れた学習 入学から卒業までの一貫したキャリア教育の実践。総合的な学習の時間の活用。進路講演会、進路適性検査の実施。

2年：目指す進路の明確化 進路講演会、大学説明会の実施。見学会、模擬授業参加。合格者座談会の実施。

3年：進路実現 進路情報提供、個別指導の実施。模擬試験の結果分析と指導。個別受験検討会開催に向けた検討。

(3) 生活指導

・ルール、マナー指導：制服の着方、頭髪等身だしなみ指導。

・時間を守る指導：遅刻防止指導。授業時チャイム開始。集会時の集合。部活動後のけじめと下校指導。

・安全教育：薬物乱用防止、ハイテク犯罪等セーフティ教室実施。登下校時の自転車安全。年4回の避難訓練実施。

(4) 特別活動・部活動

・体力向上につなげる部活動加入率の向上。大会参加上位を目指す。家庭学習との両立を目指した迅速な切り替えのできる活動。学校行事に主体的に関わる指導。

　文化スポーツ等特別推薦の検証。
・国際理解教育の推進。グローバル人材の育成を目指した国際理解授業、国際交流活動、留学生受入、留学希望生徒への情報提供、海外修学旅行、イングリッシュキャンプの実施。〈東京グローバル10指定校として推進〉

(5)　募集対策・広報活動
・より高い目標や学力をもった生徒を獲得するための情報発信。
・学校見学会、学校説明会、体験授業の充実。学校説明会での効果的な演出方法の検討。学校ホームページの定期的更新と充実。私塾・中学校への広報活動の充実。出張授業実施。

(6)　安全・健康・地域連携
・生徒の心身の健康に組織的に取組むための保健室機能の強化、スクールカウンセラーの活用。
・特別支援教育委員会を中心とした発達障害の生徒に対する教育環境整備と学校生活の指導および支援。
・体罰の禁止、根絶に向けた全校的な取組の強化。
・環境教育の推進、清潔で明るい学校環境の維持。
・地域関係諸機関との積極的な連携。

(7)　学校運営・組織
・企画調整会議を柱とした方向性を共有した学校運営の実現および教育課程の実施、検証、改善。
・個人情報の適正な管理の徹底するための執務環境整備、PCの効率的運用体制の維持発展。
・学校全体で取組む節電の継続実施。経営目標を見据えた学校予算の編成と執行等経営企画室による経営参画。
・全教職員の協力体制の構築と明るい職場風土の形成。

4　重点目標と具体的方策
(1)　学習指導
　◎授業改善
　◎補講・補習の取組
・授業の質的向上、形態の工夫　・横断的カリキュラムの試行
・チャイム to チャイム授業　・教員相互の授業参観
・教科別研究授業・協議会　・教科会定例実施による統一感のある指導
・補習・補講の充実　・検定等指導　英検、GTEC等
(2)　進路指導
　◎指導研修

◎個別指導計画

・高い目標をもたせるための指導体制確立　・進路指導力向上に向けた校内研修

・生徒情報の共有　・模試分析及び振り返り指導　三者面談実施

（3）生徒指導

◎安心して通える学校環境

・生活指導統一基準による生徒指導　・登下校時の自転車、徒歩のマナー指導

・いじめ防止取組　・日常的な頭髪、制服着用法等の身だしなみ指導

・携帯電話の使用に関する指導

（4）特別活動・部活動

◎部活動・学校行事の充実

◎東京グローバル 10 指定校としての事業推進

・生徒の活動を保証する部活動の充実

・外部機関連携による国際理解事業の展開

・台湾、中国をはじめ外国の高校や高校生との国際交流活動

・次世代リーダー育成道場研修生の輩出

（5）募集対策・広報活動

◎魅力ある学校の広報活動

・絶えずホームページに魅力ある学校行事や教育実践、生徒の活動状況を掲載

・生徒アンケート実施により、重点地域を焦点化　・教育活動の内容の改善、充実

（6）安全・健康・地域連携

◎安全の提供

◎地域連携による健全育成

・美化・保健委員会の活性化、ごみ分別・減量化等環境教育の推進

・○○市なかまちテラス他地域諸機関との連携

・○○市立第十四小地区青少年対策委員会と連携した地域行事への参加、地域ボランティア活動を通した健全育成

（7）学校運営・組織

◎ OJT 体制の構築と人材育成

・課題共有　課題解決に向けて取組む組織的な PDCA サイクルの確立

・複数担当者制を確立、分掌業務の継承体制構築　・経営企画室の経営参画

5　数値目標　　　※（　　　）内は平成 27 年度

（1）学習指導

・教員相互授業参観 2 回（2 回）

・教科研究授業年 3 回

・授業実践校内研修

　・講習・補習 60 講座 5,000 名（68/5,703）
　・学習時間調査「学年 +1 時間」平日達成率 1 ～ 2 年 20%　3 年 60%
　・学習時間休日平均 90 分
　・英検 2 級以上合格者 60 名（58）
(2)　進路指導
　・模試実施及び結果分析指導年間 5 回
　・学年進路指導　1 年 3 回　2 年 5 回　3 年 7 回
　・国公立大学・難関私立大学合格者数　90 名（113）
　・センター試験出願者数 85%（81% 254 名）
　・卒業時進路決定率　92%（94%）
(3)　生活指導
　・生活習慣の確立
　　1 年皆勤　240 名（202）　3 年皆勤 40 名（26）
　・特別指導・苦情件数 0 件（5）　・校門指導・下校指導継続
　・制服・身だしなみ指導継続　・時間を守る指導
　・避難訓練年 4 回実施
(4)　特別活動・部活動
　・部活動加入率
　　1 年 100%（100）　2/3 年 92%（91）
　・都大会（関東予選）10 部以上（10）　・生徒主体の学校行事の実施
　・生徒・保護者の学校満足度 85%（85/91）
(5)　募集対策・広報活動
　・ホームページ更新 90 回（90）
　・学校説明会来場者合計 8,000 名（8,276）
　・一次応募倍率 1.7 倍（普 1.90/ 外 2.07）

3　校務分掌とは

(1)　校務分掌とは

　教員（教諭）の職務は、学校の教育活動の全領域に及ぶが、次の領域に区分することができる。
　それは、①学習指導（教科指導、小・中学校は道徳の指導、総合的な学習の時間

の指導）、②生徒（生活）指導、③学級経営、④特別活動（ホームルーム活動、生徒会活動、学校行事）の指導、⑤校務分掌、⑥研究・研修（教科・科目の指導法や生徒指導・情報機器の操作などについて校内及び校外で実施）、⑦課外（教育課程に規定されていない）の部活動の指導である。

　これらの中で児童・生徒には見えにくいが、教員にとってはかなりの負担と感じられるのが校務分掌である。

　校務とは各学校の教育目標を達成するために必要な学校運営上のすべての業務のことを意味し、校務分掌とは校務を全教職員が性別・年齢・教科などに関わらず分担することをいう。

　一般的に、校務の内容は、①学校運営及び学校教育の内容に関する業務、②教職員の人事管理に関する業務、③児童・生徒の管理に関する業務、④児童・生徒及び教職員の保健・安全に関する業務、⑤施設・設備の保全管理に関する業務、⑥教職員の研究・研修に関する業務に区分できる。

　そして、このような校務を教職員に分担させる権限を有するのが校長である。「学校教育法」第 37 条第 4 項では、「校長は、校務をつかさどり、所属職員を監督する」と規定され、校長が校務に関する最高権限を有することが示されている。

　さらに、「学校教育法施行規則」第 43 条では、「小学校においては、調和のとれた学校経営が行われるためにふさわしい校務分掌の仕組みを整えるものとする」（中学校・高等学校にも準用）と規定され、各学校で校務分掌組織を作ることが求められている。

　これらの法令が校務分掌の法的根拠とされており、校務分掌を通して全教職員が学校経営に係わっていくことになる。

　校長が校務を分担（分掌）させる目的は、教職員が校務を分担し、学校経営に参加することによって、学校が抱える課題の共通理解や職務遂行能力の向上を図ることにある。

　したがって、校務分掌の最大の意義としては、校長の指導の下、全教職員

が学校経営に携わることになるということがあげられる。

（2）主な校務分掌の役割

　校務分掌は、各学校の教育目標や規模、教職員数、学校の地域環境などに基づいて組織されるため、各校は独自の校務分掌組織を持っている。

　校務分掌組織は、校務分掌組織図の形で明確化され、各教職員の分担が一見して分かるようにされている。

　図1は、長野県立B高等学校（全日制普通科）の校務分掌組織図である。

　校長の監督下に様々な分掌が存在していることが分かる。

　分掌組織の中核をなすのが分掌部の存在である。これは、特定の業務を担当する教職員グループと捉えることができる。

　例えば、教務部は、入学試験、進級・卒業判定、時間割編成やその運営などの授業に関すること、定期考査、教科書、奨学金、学校のホームページ運営といった情報処理に関することなど、実に多様な業務を扱い、どの学校でも最も多忙な分掌部である。

　生徒指導部は、生徒の生活指導全般に関わることを扱うが、その業務内容は、問題行動に対する指導及び懲戒処分案の作成、服装・頭髪の指導、登下校の交通安全指導、遺失物管理、生徒会活動や部活動に関することなどがあげられ、教務部に次いで多忙な分掌部である。

　進路指導部は、生徒の進学・就職に関する業務全般を扱うが、普通科高校では進学指導が、専門高校では就職指導が業務の中心となってくる。近年、キャリア教育の概念が普及するにしたがって、キャリア教育部と呼称する学校も存在する。

　保健美化部は、生徒や教職員の健康管理が主な業務であり、定期健康診断や健康教室の開催、校内の清掃・環境美化などを扱う。

　図書館部は、学校図書館の運営を主な業務とし、あわせて視聴覚教育に関する業務も扱う。

図1　校務分掌組織図　長野県立B高等学校（平成28年度）

　渉外部は、他校では庶務部や総務部と呼称されることがあるが、PTA や同窓会など、外部との連絡調整に関する業務を扱う。

　これら分掌部の中で、教務部・生徒指導部・進路指導部は特に主要分掌とされており、大規模高校（教職員数が 100 名程度以上）では、各部とも十数名が所属している。

　また、生徒指導部は、生徒の問題行動の少ない学校では多忙を極めることはないが、問題行動の多い学校では多忙な分掌部である。

　進路指導部は、普通科か専門学科かという違いや、普通科高校でも進学者が多いか、就職者が多いかという違いによって、その業務内容は大きく異なってくる。

　このように、校務分掌は各学校の教育活動の実態と必要に応じて作られているのであり、特に高等学校の場合、学校ごとに業務の内容や量がやや異なってくるということを理解しておかなければならい。

　各分掌部には、教務主任、生徒指導主事（主任）、進路指導主任など、リーダーの役割を担う教員が存在しており、一般的には 40 歳台の中堅教員がこのポストに就くことが多い。

　新任教員は、最初から重い業務を任せられることはないが、在校年数や教職経験年数を重ねるごとに次第に重要な業務を担当しなければならなくなってくる（年度末の 3 月に次年度の分掌希望調査があり、学級担任や部活動顧問の希望と同様、所属希望の分掌を校長に申し出ることができる）。新任教員の場合、初年度は教務部の時間割変更係か教科書係、あるいは、生徒指導部の遺失物係か交通安全係というあたりの業務が一般的である。

　分掌部と密接な関わりを持っているのが、全教職員から構成される職員会議と、全教職員がいずれかのメンバーにならなければならない各種委員会である。

　職員会議の設置は任意制であり、法的にその設置が義務づけられている訳ではない。だが、一般的に見て職員会議の置かれていない学校は存在せず、

図1にあるように、校務分掌組織として位置づけられている。

　職員会議の開催は、月1回の定例会議（例えば、第3水曜日の5限目というように日時を固定している）と臨時会議（学校全体に係わる重大事件・事故や生徒の問題行動が発生した時に開催）とに区分される。

　職員会議の役割については、「学校教育法施行規則」第48条第1項に「小学校には、設置者の定めるところにより、校長の職務の円滑な執行に資するため、職員会議を置くことができる」（中学校・高等学校にも準用）と規定しており、議決機関ではなく、校務の最高責任者である校長の補助機関であることが明示されている。だが、教職員の総意を無視して校長は校務を行うことはできず、実態としては学校の意思決定機関となっている。

　職員会議と同様、法的には設置が義務づけられてはいないが、一般的には校務分掌組織として位置づけられ、分掌部と最も密接な関係を有しているのが、各種委員会である。

　図1の高校の場合、11の委員会が存在するが、学習指導委員会や教育課程委員会、入学者選抜委員会、学校保健委員会などのように、主に教務部や保健美化部の業務内容に関する委員会が存在している。その一方、校務分掌委員会や将来像検討委員会などのように、特定の分掌部のみで扱うことになじまない分野や、複数の分掌部にまたがる内容を扱う委員会も存在している。

(3) 校務分掌の問題点と理想的在り方

　先述のように、校務分掌は小・中・高といった校種や、高等学校でも普通科、専門学科、総合学科といった学科によってその態様は異なっている。

　だが、校務分掌運営上、最も留意しなければならないのが、特定個人に仕事が集中し、負担過重にならないようにすることである。また、一つの分掌を長期間にわたって担当することがないよう、適当な期間ごとに、本人の希望も考慮しつつ、交替させることも必要である。これら校務分掌運営上の問題解決の責任を負っているのは校長である。

　では、校務分掌の理想的在り方とはどのようなものであろうか。次の6点が考えられる。

　第一に、教職員の希望・意見が反映され、さらにそのうえで、各人の能力や経歴に応じた適材適所の役割分担になっていることである。

　第二に、分担する任務の内容や範囲が明確に示されていることである。

　第三に、教職員各人の負担の均等化がなされていることである。

　第四に、校長・副校長・教頭といった管理職や各分掌部の主任（主事）のリーダーシップが十分に発揮されていることである。

　第五に、教職員が自らの任務を十分に熟知し、能動的に取り組んでいることである。

　第六に、分掌部と学年間や各々の内部で、相互協力態勢がとられていることである。

　このような校務分掌は、教員の職務の中では、生徒にとって最も見えにくい分野であるが、学校経営の中心をなす業務であり、教員各人にとっても決して負担の軽くはない業務であることを理解しておかなければならない。

　教育実習生は、実習期間中、各教員がどのような校務分掌を担当しているのかを、職員室に掲示されている校務分掌組織図や実際の業務の様子から観察して欲しい。

4　教育実習校研究の必要性

　教育実習生は、非母校の場合はもちろん、母校であっても、実習校について様々な観点から事前研究して教育実習に臨む必要がある。実習校研究を踏まえた教育実習とそうではない場合とでは、その成果が格段に異なってくる。したがって、2～3週間の実習期間中のみが教育実習なのではなく、各学校開催の事前オリエンテーション出席も含めた、事前の実習校研究が不可欠なのである。

　では、実習校研究として、具体的にはどのような観点に着目しなければな

らないのであろうか。次の 3 点をあげることができよう。

　第一に、実習校の沿革、即ち、学校の歴史の大要を理解しておくことである。高等学校には、戦前の旧制中学校や高等女学校、実業学校の流れを汲む伝統校がある一方、戦後の高校生急増期に（昭和 40 ～ 50 年代）に設立された、比較的歴史の浅い学校もある。

　だが、各々の学校は何らかの目的や理念を持って設立されたものであり、設立当初の理念が校訓などの形で現在にまで伝承されている事例も少なからず存在している。それとともに伝統校ほど卒業生（OB）の数も多く、地域社会の人材の中核をなしている場合もある。

　このように、実習校の歴史を事前学習しておくことは、実習校の教育活動の背景を理解することにもつながるのである。

　実習校の歴史を知るための一番簡略な方法は、ホームページに記載されている「学校略年表」や「学校の歩み」などに目を通すことである。ホームページに載っていない場合は、実習校の図書室や地域の県立・市町村立図書館で学校史などに目を通したり、事前オリエンテーションの際に、学校要覧を見せてもらうことである。学校要覧とは、各学校が各年度ごとに発行する学校案内のパンフレットであり、十数頁程度の冊子である。学校の歴史や学校教育目標、学校経営計画（学校経営方針）、本年度の重点目標、教職員構成、生徒数などが記載されており、学校の現況を知るための格好の資料である。

　第二に、実習校の現状の大要を理解しておくことである。学校創設以来伝承されてきた校訓や学校教育目標、学校経営計画（学校経営方針）、本年度の重点目標、教職員構成（人数、男女比、年齢、担当教科・科目など）、生徒構成（各学年・各学級の人数、男女比など）、校舎・教室配置、学校の地域環境（都市部であるか農村部であるか、商業地であるか住宅地であるかなど）、年間行事計画などを事前に理解しておくことは、実習を有意義なものにするため必須の条件である。

　特に、年間行事計画（年間行事予定表）を見ておくことによって、実習期間

が年間行事計画の中でどのような位置にあるのかという、1年単位の教育活動の中の教育実習の位置づけについて理解することができる。

　表2は、福岡県立C高等学校の年間行事予定表である。

　C高等学校は福岡県内有数の普通科進学校であり、例年、20〜30名程度の教育実習生を受け入れている。表2をみると、3週間実習の者は5月23日から、2週間実習の者は5月30日から開始し、両者とも6月10日に終了することが分かる。3週間実習の最初の4日間は1学期の中間考査が行われているため、事実上、実習指導が行われるのは5月30日からの2週間ということが分かる。また、実習期間中にも土曜セミナーと称する補習授業が行われており、これを担当するかどうかは指導教員の指示に従うことになる。

　第三に、実習校の教育活動の特色を理解しておくことである。普通科高校、専門高校、総合学科高校などを問わず、全日制課程の高等学校の中には、特色ある学科やコースを設けている事例も多数存在する。これは、高校教育の多様化を目指す文部科学省の方針の下、各学校が教育活動の特色化を競った結果である。英語コース、体育コース、福祉コース、調理コースなどがその代表的事例であるが、最近は地域創生という政府の方針の下、地域創生コースといった地域密着型のコースも開設され始めている。

　実習校の特色ある教育活動を知るためにも、ホームページに目を通すことが一般的である。その際、特に、特色ある学科やコースの教育課程に着目し、どのような教科・科目が設けられ、どのような授業が行われているのかにも関心を持つ必要がある。

表2　平成28年度年間行事予定表

福岡県立C高等学校

日	曜	4月	日	曜	5月	日	曜	6月	日	曜	7月	日	曜	8月	日	曜	9月
1	金		1	日		1	水	1年心電図・X線	1	金		1	月	オックスブリッジ開始	1	木	
2	土		2	月		2	木		2	土		2	火	3年前期補習終了	2	金	
3	日		3	火	(憲法記念日)	3	金		3	日		3	水		3	土	
4	月		4	水	(みどりの日)	4	土	土曜セミナー②（3年）(1・2年)	4	月		4	木		4	日	
5	火		5	木	(こどもの日)	5	日		5	火		5	金		5	月	
6	水	始業式	6	金		6	月	賞状伝達式・壮行会	6	水		6	土	3年九大プレテスト（希）	6	火	
7	木	第71回入学式	7	土		7	火		7	木		7	日		7	水	
8	金	離退任式・対面式 2年実力考査 新入生オリ	8	日		8	水		8	金		8	月		8	木	
9	土		9	月		9	木	2年保護者会	9	土	進研模試（1・2・3年）	9	火		9	金	
10	日		10	火	創立記念式・講演 検尿1次	10	金	教育実習終了 1年保護者会	10	日	進研模試（3年）	10	水		10	土	第68回体育祭
11	月	1年芸術教科書販売	11	水	検尿1次	11	土	3年進研マーク模試	11	月		11	木	(山の日)	11	日	
12	火	2・3年朝補習開始	12	木	合唱コンクール予選	12	日		12	火		12	金		12	月	代休
13	水		13	金	学園祭準備	13	月		13	水	前期クラスマッチ	13	土		13	火	(補習開始)
14	木	第1回模試 1年朝補習開始	14	土	学園祭	14	火	第2回模試	14	木		14	日		14	水	
15	金		15	日	学園祭	15	水		15	金		15	月		15	木	第2回実力考査（1・2年）
16	土	オックスブリッジ研修説明会	16	月	代休（学園祭1日目）	16	木	3年生歌舞伎鑑賞教室	16	土		16	火		16	金	3年保護者進路説明会
17	日		17	火	3年午後補習開始	17	金		17	日		17	水	夏季補習（後期）	17	土	3年進研マーク模試 土曜セミナー③(1・2年)
18	月		18	水	検尿1次予備 父母教師会総会	18	土	土曜セミナー③（3年）②(1・2年)	18	月	(海の日)	18	木		18	日	
19	火	図書館OR（～4/22）	19	木	歯科検診 検尿1次予備	19	日		19	火	1年自立と協働 三者面談2・3年	19	金		19	月	(敬老の日)
20	水		20	金		20	月		20	水	三者面談2・3年	20	土		20	火	
21	木	身体計測・内科検診	21	土		21	火	検尿2次	21	木	三者面談2・3年	21	日		21	水	
22	金		22	日		22	水	検尿2次	22	金	終業式、賞状伝達式 壮行会	22	月		22	木	(秋分の日)
23	土		23	月	中間考査 教育実習3開始	23	木		23	土	夏季補習開始	23	火		23	金	
24	日		24	火		24	金		24	日		24	水		24	土	土曜セミナー④
25	月		25	水	代休	25	土	オックスブリッジ研修説明会	25	月	三者面談1年	25	木		25	日	
26	火	3年保護者会	26	木		26	日		26	火	三者面談1年	26	金	夏季補習終了	26	月	
27	水	耳鼻科検診（1年＋23希）	27	金		27	月		27	水	三者面談1年	27	土	河合記述（希）	27	火	
28	木		28	土	土曜セミナー①（3年）	28	火		28	木		28	日		28	水	
29	金	(昭和の日)	29	日		29	水		29	金		29	月	2学期始業式	29	木	
30	土	教育実習2開始	30	月	眼科検診（1年＋23希）	30	木	期末考査	30	土	1・2年前期補習終了 3年全統マーク模試	30	火		30	金	
			31	火	規範意識育成学習				31	日		31	水				

日	曜	10月	日	曜	11月	日	曜	12月	日	曜	1月	日	曜	2月	日	曜	3月
1	土		1	火	芸術鑑賞教室	1	木	第4回模試	1	日	(元日)	1	水		1	水	
2	日		2	水		2	金		2	月		2	木		2	木	
3	月		3	木	(文化の日)	3	土	土曜セミナー⑦(1・2年)	3	火		3	金		3	金	同窓会入学式
4	火		4	金		4	日		4	水		4	土	2年東大レベル模試(希)	4	土	第69回卒業証書授与式
5	水		5	土	1・2年進研模試	5	月		5	木	冬季補習(再開)	5	日		5	日	
6	木	中間考査	6	日	2年進研模試	6	火		6	金		6	月		6	月	
7	金		7	月	賞状伝達式・壮行会	7	水		7	土		7	火		7	火	
8	土		8	火		8	木		8	日		8	水		8	水	
9	日		9	水		9	金		9	月	(成人の日)	9	木		9	木	
10	月	体育の日	10	木		10	土	3年全統センタープレ	10	火	3学期始業式 第3回実力考査(1・2年)	10	金		10	金	
11	火		11	金		11	日		11	水		11	土	(建国記念の日)	11	土	
12	水		12	土	3年九大オープン(希)	12	月		12	木		12	日		12	日	
13	木		13	日		13	火		13	金		13	月		13	月	
14	金		14	月	規範意識育成学習	14	水		14	土	大学入試センター試験 1年学研・2年進研模試	14	火		14	火	
15	土	土曜セミナー⑤(1・2年) 3年進研記述模試	15	火		15	木		15	日	大学入試センター試験 2年進研模試	15	水		15	水	
16	日		16	水		16	金		16	月	3年自己採点	16	木	学年末考査	16	木	後期クラスマッチ
17	月	生徒会認証式	17	木		17	土		17	火	予餞会	17	金		17	金	終業式・賞状伝達式
18	火		18	金		18	日		18	水		18	土		18	土	
19	水		19	土		19	月		19	木		19	日		19	日	
20	木	第3回模試	20	日		20	火	終業式、賞状伝達式	20	金		20	月		20	月	(春分の日)
21	金		21	月	期末考査	21	水	冬季補習開始	21	土		21	火		21	火	グローバル研修
22	土	出校	22	火		22	木		22	日		22	水		22	水	
23	日	中学生の体験入学	23	水	(勤労感謝の日)	23	金	(天皇誕生日)	23	月	スキー修学旅行	23	木		23	木	
24	月	代休 東京研修	24	木		24	土		24	火		24	金		24	金	
25	火	代休	25	金		25	日		25	水		25	土		25	土	
26	水		26	土		26	月		26	木		26	日		26	日	
27	木		27	日		27	火		27	金		27	月	卒業式代休	27	月	
28	金		28	月		28	水		28	土		28	火		28	火	
29	土	土曜セミナー⑥(1・2年)	29	火		29	木		29	日					29	水	
30	日		30	水		30	金		30	月					30	木	
31	月					31	土		31	火					31	金	

第 2 節　教員の職務

1　高校教員の職務の特質

　一般的に学校といえば、小学校、中学校、高等学校、大学を指すが、各々の教育目的や教育内容は当然異なっている。このため、どの校種の教員になるかによって求められる資質・能力も異なってくる。

　高等学校の場合、「学校教育法」第 50 条（高等学校の目的）では、「高等学校は、中学校における教育の基礎の上に、心身の発達及び進路に応じて、高度な普通教育及び専門教育を施すことを目的とする」とその目的を規定している。

　これを受けて、高等教育は多様性を最大の特色としており、高等学校は、課程から見れば全日制・定時制・単位制に、学科から見れば普通科（普通教育を主とする学科）、専門学科（専門教育を主とする学科、例えば商業科や工業科など）、総合学科（普通教育及び専門教育を選択履修を旨として総合的に施す学科）の 3 種類に区分される。

　したがって、どの課程や学科の高等学校に勤務するかによっても求められる資質・能力は異なってくる。

　例えば、全日制普通科進学校の教員に求められるのは、高い教科指導力、特に、大学受験に合格できる学力を身につけさせる教科指導力であり、全日制専門高校（工業高校や商業高校など）の教員に求められるのは、工業や商業などの各分野の高い専門的指導力（資格取得指導を中心とした）であり、夜間定時制高校の教員に求められるのは、いじめや不登校などを小・中学校時代に経験した生徒に対する温かい共感的指導力であろう。

　このように、小・中学校とは異なり、高等学校の教員は勤務校の実態に応じて求められる資質・能力が異なるため、勤務校が異動した場合、学校現場

に対応して職務の内容もやや異なってくるということを念頭に置いておかなければならない。

2　高校教員の現状

全国の高等学校には 22 万 6733 人の本務教員（平成 25 年 10 月 1 日時点、本務教員とは当該校に籍を有する常勤教員のことであり、管理職や臨時身分の常勤講師も含む）が勤務している（「平成 25 年度　学校教員統計調査」文部科学省、2015、この調査は 3 年ごとに実施）。この人数は、中学校の 23 万 3986 人とほぼ同数であるが、小学校の 38 万 4956 人と比較すると 16 万人程度も少ない（同調査による）。

また、平均年齢（本務教員）は、45.3 歳（男 46.5 歳、女 42.5 歳）であり、小学校教員の 44.0 歳、中学校教員の 43.9 歳と比較すると 1 歳程度高いことが分かる（同調査による）。

さらに、学歴構成で見ると、大学卒業者及び大学院修了者の割合は、高校教員は大学卒業者が 83.5% に対し、大学院修了者が 14.7%、中学校教員は 86.5%・8.2%、小学校教員は 86.2%・4.2% となっている（同調査による）。小・中学校教員の大学院修了者が 1 割にも満たないのに対し、高校教員では約 15% が大学院修了者であり、高校教員の方が高学歴傾向にあることが分かる。

教員免許状（普通免許状）の種別で見ると、小学校教員は専修免許状 4.5%・1 種免許状 78.7%、中学校教員は専修 8.0%・1 種 87.4% なのに対し、高等学校教員は専修 20.2%・1 種 78.9% となっており（同調査による）、高校教員の専修免許状所有者は小・中学校教員に比してかなり多く、2 割に達していることが分かる。

3　高校教員の職務内容

高校教員に限らず、教員の職務範囲については、その「無限定性」（授業や学級経営だけでなく、校務分掌、課外の部活動指導など、やろうと思えば仕事の範

囲に際限がないこと）が指摘されることが多い。つまり、教員の職務というものは真剣に取り組めば限りがないのであり、このことが教員の多忙感を招来する一因ともなっている。

　教員の職務の中心をなす教科指導については、高校教員の場合、特に高い専門性が要求され、教材研究に費やす時間は小・中学校教員と比べて当然長くなる。このため、1週間あたりの担当授業時間数は小・中学校教員よりも少なく抑えられている。

　前出の「平成25年度　学校教員統計調査」によれば、小学校教員は23.8単位時間（1単位時間45分）、中学校教員は17.5単位時間（1単位時間50分）なのに対し、高校教員は15.2単位時間（1単位時間50分）である。つまり、高校教員の1週間（月〜金曜の5日間）あたりの担当授業時間数は平均して15単位時間（コマ）ということができ、1日に2〜3単位時間程度の授業を担当しているといえよう。

　だが、授業以外にも、LHR（ロングホームルーム）や会議、校務分掌業務などもあるため、拘束される時間はさほど少なくはない。

　特別活動の指導については、まず、ホームルーム活動（小・中学校では学級活動）の指導があげられる。具体的には、毎日朝・夕のSHR（ショートホームルーム）や週1回のLHR（ロングホームルーム）とに区分されるが、原則として学級担任の業務とされている。特に、SHRについては、要領よく的確に生徒たちに伝達事項を伝えなくてはならず、教育実習生は実習期間中、毎日担当することになるため、日々進歩が見られるように努力しなくてはならない。

　生徒会活動については、近年、どの学校現場でも低調傾向が見られるが、将来、社会人として所属集団の活性化を図ったり、協働意識を向上させるための素地を養う重要な活動であることを生徒に周知徹底しなければならない。傍観者としてではなく、能動的に生徒会活動に参加するように指導することが必要である。特に、生徒会顧問を担当した場合は、学園祭などの学校行事

運営の助言者として、生徒会役員に適切なアドバイスをしなければならない。

　学校行事については、教員の係わり方で見れば、入学式や卒業式などの儀式的行事のように、教員中心で実施するものと、文化祭や体育大会などのように、生徒を前面に立て、その背後で助言者として指導するものとに区分される。

　生徒（生活）指導とは、生徒の生活態度全般に対する指導のことであり、校内生活だけでなく、校外生活に対しても行われる。

　文部科学省は、生徒指導の定義として、「一人一人の児童生徒の人格を尊重し、個性の伸長を図りながら、社会的資質や行動力を高めることを目指して行われる教育活動のことです。すなわち、生徒指導は、すべての児童生徒のそれぞれの人格のよりよき発達を目指すとともに、学校生活がすべての児童生徒にとって有意義で興味深く、充実したものになることを目指しています」（『生徒指導提要』文部科学省、2010）ということをあげている。

　学校経営については、その最高責任者は校長であるが、各教員も校務分掌業務を通してその一翼を担っていることを忘れてはならない。つまり、全教職員がまとまって共通の学校教育目標の達成を目指すことによって学校経営は成り立つのである。

　教員には、その専門性に由来する研修の義務（「教育公務員特例法」第21条）と権利（「同法」第22条）が存在しており、極めて重視されている。これは、教員の資質・能力の向上にとって研修が不可欠だからである。

　課外の部活動については、「課外」とあるように、現状では、各校種の『学習指導要領』に規定された教育課程には含まれていない。正規の教育課程以外という意味で「課外」という言葉を冠しているのである。したがって、教員にとって見れば勤務時間外や休日の指導はボランティアと見なされ、生徒にとっては自主的・自発的活動と見なされている。

　だが、その教育効果は大きく、生徒の中には、学校生活の中で自らの生きがいを部活動に見い出す者も少なからず存在している。このため、教員は本

来の業務に加えて部活動を担当することが（しなければならないことが）、当然になっている。中学校や高等学校の教員の中には部活動の指導を負担に感ずる者も多く、多忙感や疲労感の大きな要因となっている。このことは、ようやく最近問題視され始め、文部科学省もその対応策（外部指導者の採用など）を考案しているのが現状である。

表３　D先生の１週間

	月	火	水	木	金	土
出勤*1 職員朝礼	職員朝礼*2					
朝の SHR	担任学級2年1組のSHR*3					
1時限目		2－4 日史	2－5 日史		3－5 日史	
2時限目	2－1 日史			2－4 日史		3－5 日史
3時限目		3－5 日史				3－5 日史
4時限目	2－4 日史		2－1 日史	3－5 日史	教務委員会	
昼休み	昼食は学食ですませることが多い*4					帰りの SHR
5時限目		2－5 日史		2－5 日史		
6時限目	2年学年会		(地歴公民 教科会)			
清掃	2年1組教室の清掃監督*5					
帰りの SHR	2年1組のSHR					
7時限目			(第3水曜日 は職員会議)		2－1 日史	

※第1・3土曜は補習授業日、第2・4土曜日は休業日。
　地歴公民科の教科会は特に議題がなければ開かれない。

＊1　D先生の学校では、勤務開始は8時10分だが、毎日7時40分には出勤している。

＊2　職員朝礼は8時10分〜30分、教頭がマイクで司会を務める。

＊3　朝のSHRは伝達事項が多いため、生徒にきちんと伝わるよう要領良く伝える。板書することもある。

＊4　昼休みに担任学級の生徒が尋ねてくることが多いので、昼食をすませたら職員室に戻る。

＊5　清掃は、授業に来られる先生方に気持ちよく授業をしていただくため、念入りに指導する。

4　ある高校教員の 1 週間

　表 3 は、福岡県内の県立普通科進学校に勤務する D 教諭（40 歳台前半、地理歴史科日本史担当、教員歴 20 年目）の 2016（平成 28）年度の 1 週間のタイムテーブルである。

　表 3 から次のことが分かる。

　まず、D 先生は 2 年 1 組の学級担任であり、2 年生の「日本史」9 時間（2-1・2-4・2-5）及び 3 年 5 組の「日本史」5 時間（正規授業 3 時間・補習授業 2 時間）の計 14 時間の授業を担当しているということである。この 14 時間という授業時間数は、高校教員の 1 週間の平均的時間数である。

　また、校務分掌は教務部に属していることが分かる。D 先生は教員歴 20 年目で 40 歳台前半であるため、教務部の中では教務主任に次ぐ教務副主任を務めており、入学試験・進級及び卒業単位認定・定期考査・時間割編成の責任者など広般な業務を担っている。

　さらに、月～金曜日は会議も含めて 1 日 3 時間の担当コマしかないため、残りの 4 時間は空いている。だが、空き時間は休憩時間なのではなく、教材研究や校務分掌・学級関係の文書作成に充てられることになるため、ゆっくりくつろいでいる暇はない。

　D 先生の学校では 7 時限目が正課の授業時間に組み込まれているため、授業が終るのは 16 時 30 分である。その後、副顧問を務めるバスケットボール部の練習を指導するために時折、体育館に行ったり、質問に来る生徒への対応や担任学級の生徒指導が入ってくることもあるため、あっという間に退勤時間の 17 時は過ぎてしまい、学校を出るのはいつも 18 時過ぎである。

　このように、一般的な高校教員は 1 日の半分近くの時間を学校で過ごし、教科指導や学級経営を始めとした多様な業務をこなしている。ほとんどの教員にとっては、毎日、日の過ぎるのが早い日々を送っているのである。

　高校教員は専門性が高いため、同じ教科担任制の中学校に比べても、各教

科・科目のセクト主義が目立つ傾向にある。

　一方、教科や年齢・性別の異なる教員が学年集団や校務分掌部を構成し、さらにそれらの集合体としての学校集団を形成している。このため、円滑な学校経営のために一番重要なのは、教員間の「協働」なのである。教職員の人間関係がスムーズな学校ほど、学校経営が順調に行われているといえるのである。

第3節　高校現場（教育実習校）が教育実習生に望むこと

1　教育実習生としての心構え

　詳細については第6章で触れることになるが、ここでは教育実習生に対して、学校現場が何を望み、何を期待しているのかを述べておきたい。

　前出のように、学校現場は年々多忙になってきている。そのような多忙な学校現場が、本来の業務とはいえない教育実習生の指導を行ってくれるのは何のためなのであろうか。まず、この意味を深く考えて欲しい。

　それは、有為な後継者を育成したいという学校側の善意によるものなのである。教科指導や学級経営、校務分掌、そして部活動など、様々な業務を並行しながら行っていくだけでも大変なことである。そのうえ、2～3週間という一定期間ではあるが、教育実習生の指導が加わると指導教員の負担は相当なものになる。もし、自分がその立場に立ったら、教育実習生に対して何を望むであろうか。各自でよく考えて欲しい。

　教育実習は、大学の1～3学年にかけて、教職課程（教育学や教育心理学など）や専門教育の分野で学んできたことを基に、「教える」ための実践的訓練を行う機会であるといえよう。このため、教育実習期間中は学生ではなく、教員として扱われるのである。先生という呼称で呼ばれるのはそのためである。

　したがって、「教える」立場に立つ者としての自覚だけではなく、事前に、学校現場の様子を知っておくことや、教える内容・技術をある程度身につけておくことが必要である。高等学校では、教える内容についての知識が豊かなことや、生徒のレベルに合わせて内容を分かりやすく教える能力が求められる。学校現場が求める教科指導力を磨くためには、大学生活で日々の研鑽を怠らないようにしなければならない。特に、大学の教職課程の授業の中では、「教職論」や「教科教育法」、「教育実習事前指導」が重要である。

　だが、教育実習に来る大学生の中で、学校側の要求水準を満たしている者はごく稀である。ほとんどの教育実習生は、実習期間を通して教科指導力や生徒指導の技法などの基本を体得していくのである。

　受け入れ校の教員はこのことを十分承知している。最初からすばらしい授業を期待してはいない。ただ、限られた期間に様々なことを吸収しようという旺盛な意欲があるかどうかを注視している。つまり、実際に教壇に立ったことのない実習生に対しては、授業技法よりも、意欲の方を期待しているのである。「ぜひ、教員になりたい」というひたむきな意欲、それが求められているのであり、ただ、教員免許状を取得するためという生半可な気持ちだと、態度からすぐ見破られてしまい、学校側に対して大変迷惑をかけることになる。特に、「将来、立派な教員になってもらいたい」と期待し、熱心に指導してくれる指導教員に対して失礼であり、指導意欲を失わせることになる。

　実習生を受け入れる学校側が異口同音にいうのは、「教員になるつもりのない学生は来させないで下さい」ということである。つまり、教職への意志強固な教育実習生を受け入れたいというのが、すべての学校現場に共通した気持ちなのである。学校側がどのような期待を込めているかを知ったならば、いいかげんな態度は取れないはずである。教員になろうという強固な意志のある者は、その意思を積極的にピーアールするとともに、貪欲に様々なことを吸収して欲しい。

　また、とりあえず、将来のために教員免許状は取得しておこうという者も、せめて実習期間中は教員を目指す者としての真剣な覚悟と態度で頑張って欲しい。

2　教育実習生の基本的態度

　では、教職への強い意志は具体的にどのような態度で示せばよいのだろうか。

　まず、指導教員の指示に素直に従い、校内の服務規律を厳守するということである。校務多忙の中、後継者育成の善意に基づいて指導を行ってくれる指導教員の指示に従わないということは、教育実習生の取るべき態度ではない。他人の意見や助言に耳を貸すことは、教員はもちろん、一般社会人としても必須の基本的態度である。疑問点があれば自分勝手な判断をしないで、何でも指導教員に尋ねることが必要である。

　また、教育実習では、授業実習だけでなく、教員の様々な業務、例えば、学級経営、生徒指導、校務分掌、部活動などをじっくりと観察し、教員の日常業務の大要を自分の目で確かめて欲しい。つまり、教員の職務の実態に触れて欲しいのである。このため、授業実習や教材研究以外にも様々な体験をすることがあるが、学校側は意図的に体験させているのであるから、余分な仕事と思わずに真剣に取り組むことが必要である。

（永添祥多）

◆ 参考文献 ◆

岩本俊郎『新　教育実習を考える』北樹出版、2012 年。

八尾坂修監修『教員をめざす人の本 '15 年版』成美堂出版、2014 年。

佐藤晴雄『教職概論　第 4 次改訂版　教師を目指す人のために』学陽書房、2015 年。

早稲田大学教育学部教職課程編『早稲田大学教育実習マニュアル　第 5 版』東信堂、2015 年。

第6章　教育実習の実際

第1節　教育実習までの準備

1　実習校への依頼

　教育実習は、非教員養成系の一般大学の場合、4学年の5〜6月に実施されるのが一般的である。このため、直前に実習校を探して申し込めば教育実習ができると誤解している学生が存在する。

　だが、実際は約1年前に申し込んでおかなければならないのである。

　通常、3学年の4月上旬に、教職課程履修学生に対して、教育実習に関するガイダンスが開かれる。この教育実習ガイダンスでは、大学の教務課の職員から、実習校の選定及び依頼に関する手続きなどの説明がなされる。

　教育実習は母校に依頼するのが一般的だが、時折、母校から断られる場合もある。例えば、よくあるケースが、情報科で教育実習を母校に依頼する場合である。普通科高校では、情報科は必修教科であるにも拘わらず、受験教科ではないため、専門の教員以外が担当していることが多い。数学科や理科の教員が情報科の教員免許状を取得して、いわば「片手間」に教えている場合や、情報科の専門教員ではあっても非常勤講師が教えている場合が少なからず存在する。このため、教育実習生の指導はできないという理由で断ってくるのである。

　教育実習は、教科指導だけでなく、教科外活動の指導など、学校の教育活

動すべてを体験する機会であるため、必ずしも自分が所得予定の教科でなくても法的には問題ない。「隣接教科」として、情報科であるならば、数学科や理科などでも認められる。

　だが、本来は所得予定の教科で行うのが望ましい。このため、情報科での教育実習を断られた学生の場合、教科を選べば母校以外で、あるいは、どうしても母校で行いたいならば「隣接教科」で行わざるを得なくなってくる。

　母校で所得予定の教科の教育実習が行えない学生に対しては、大学の教職課程担当教員（教育学や教育心理学専門）や教務課の職員が実習校を探してくれることもあるが、自分の個人的人脈で実習校を探してくる学生も存在する。

　このように、自分の母校が必ず教育実習を引き受けてくれるとは限らないということに留意しておかなければならない。

　教育実習ガイダンスでは、遅くとも5月末くらいまでには、まず、電話で教育実習の依頼をするように指導される（学校によっては人数制限を行うこともあるので、できるだけ早い方が良い）。電話をかける相手は、教頭（副校長）や教務主任、あるいは、教務部の教育実習係が一般的である。数日後に、電話で受け入れの回答があった場合、教務課にその旨を届け出なければならない。そして、教育実習受け入れの内諾に関する書類（教育実習依頼文書及び教育実習内諾書など）を教務課から実習校に郵送することになる。後日、実習校から教務課に教育実習内諾書（内諾の通知文書）が郵送されてくると、今度は正式な教育実習依頼申請書を教務課から実習校に郵送することになる。この他、実習依頼に関する文書として、教育実習生調査票（実習生の個人情報に関する書類）や誓約書などが必要な場合もある（両方とも実習生が記入し、教務課が依頼申請書と一緒に実習校に郵送）。

　このように、本人の電話依頼から始まり、大学側と実習校との何度かの文書往復の手続きを経て、教育実習依頼が終了したことになるのである。

2　大学での教育実習事前指導

　4 学年で教育実習を実施する大学では、大学側の事前指導を「教職に関する科目」の中の 1 科目として開講している。科目名は大学によって異なるが、例えば「教育実習指導」や「教育実習事前・事後指導」などと称することが多い。著者の勤務する近畿大学では、「教育実践の研究」（3 学年後期〜 4 学年前期配当、1 単位）と称している。この科目を履修しなければ教育実習には参加できない。

　「教育実践の研究」は、例年、集中講義の形式で開講している。（3 学年の 2 月初め及び 4 学年の 4 月末に計 15 コマ、事後指導は 9 〜 10 月に教育実習を行う者も存在するため、別途指導の時間を設ける）。これは、毎週開講するよりも、教育実習予定者全員に対して、集中的に指導を行った方が効果的であると判断したためである。集中講義のため、1 日で 3 〜 4 コマ分の授業を行い、模擬SHR など演習的要素も含んでいる。

　では、この「教育実践の研究」はどのような授業内容なのであろうか。

　「教育実践の研究」では、3 学年末の 2 月（12 コマを 4 日間で実施）に、①教育実習の目的と意義、②高校教育の推移と課題、③高校教員として必要な資質・能力、④現在の高校生の実態、⑤学校（高校）現場の現状、⑥教育実習の実際（実習生の服務、実習生としての基本的マナー、実習生の 1 日、教育実習の形態、授業実習の留意点など）、⑦教育実習日誌（教育実習ノート）及び学習指導案・板書案について（教育実習日誌の説明、学習指導案の説明及び作成演習、板書案の説明及び作成演習）、⑧教科外活動について（教科外活動の説明、実習初日朝の模擬 SHR による自己紹介など）、⑨教育活動の評価についての 9 項目に分けて授業を行っている。

　さらに、4 学年の 4 月末（3 コマを 1 日で実施）の直前授業では、①教育実習期間の再確認及び実習校との連絡（オリエンテーション、担当教科・科目、担当学年・学級、指導教員、授業実習個所の確認、通勤方法など）、②教育実習期間

中の留意事項の再確認（服装・頭髪などの身だしなみについて、挨拶や言葉づかいについて、出退勤について、指導教員の指導には素直に従うこと、教員や生徒への接し方について、守秘義務について、実習期間中の健康管理について、就職試験と重なった場合は教育実習を優先するなど）、③教育実習日誌（教育実習ノート）ノートの具体的記入方法について、④授業について（授業実習や学習指導案・板書案の作成上の留意点の再確認など）、⑤大学教員の実習校訪問について、⑥教育実習期間中の大学の緊急連絡先について、⑦礼状の作成について、⑧教育実習に関する質疑応答の8項目に分けて授業を行っている。3学年末の集中講義で触れた事項でも、特に重要なものは再確認の意味で再度説明している。

　このように、計15コマの周到な事前指導を受けることによって、教育実習に赴く決意と緊張感が醸成されていくのである。

3　実習校でのオリエンテーションについて

　教育実習開始の2週間前くらいに、オリエンテーションを実施するという連絡が、本人か大学宛に通知されてくることが一般的である。もし、2週間前ころになっても実習校から連絡がなければ、自分から問い合わせる必要がある。教育実習に関する様々な不安を解消するためにも、このことは必ず行って欲しい。

　自分から問い合わせる場合、まず、電話に出た事務職員に対して、自分の氏名・大学名や教育実習の件で連絡したことを告げ、担当の教員につないでもらうことになる。教頭（副校長）か教務主任、あるいは、教務部の教育実習担当係が応待することが一般的である。担当教員が電話口に出たら、オリエンテーションの件で電話したことを、丁寧かつ簡潔に告げなければならない。学校側が日程を指定した場合、就職活動などの都合もあると思うが、相手に合わせなければならない。オリエンテーションで学校訪問する際は、教育実習の一環と捉え、服装・頭髪にも留意するのは当然のことである。

　実施校でのオリエンテーションは、次の二つの意図を有している。

　第一に、学校の概要説明を行うことによって、実施校の状況を事前認識してもらうことを意図している。

　学校概要では、教育目標、教育課程、学科（コース）、教職員構成、生徒数、学校環境、施設・設備、進路状況などについての説明が行われる。母校であっても、卒業後3年以上も経過していると、公立の場合は教員の転勤などもあって、自分の高校時代と様子がかなり変わっていることが多い。このため、実習校の現状を的確に認識しておくことは教育実習成功のために是非とも必要である。なお、説明の際、学校側から『学校要覧』という学校紹介の冊子が配布されることがあるが、これは熟読しておかなければならない（実習期間中は携帯する）。

　第二に、実習生に対する留意事項を徹底しておくという意図を有している。このことは、実習生側から見れば、必要不可欠な情報を確認することにもなり、極めて重要なことである。

　具体的に実習校側から指示されるのは、①指導教員（教科指導とホームルーム指導の教員が異なる場合もあるが、一般的に指導教員とは教科指導教員を指す）、②担当学年・学級、③教科書・副教材、④実際に授業実習を行う個所、⑤出退勤や服装・頭髪といった服務、⑥実習生控室についてなどであるが、不明な点は遠慮なく質問した方が良い。自分勝手な判断をすると後で注意を受けることになり、むしろ、積極的に質問した方が実習に意欲的と見なされ好印象を与えることにつながる。

　自分から質問する事項で多いのが、①通勤手段（自家用車の乗り入れが可能なのか、それとも公共交通機関を利用するのかなど）、②昼食（学食は利用できるのかなど）、③持参物（印鑑や上履き、実習ノートなど）などである。

　また、実習第1日目の日程については詳細に打ち合わせておく必要があり（出勤時間や出勤したらどこで待機するのかなども含めて）、各大学指定の教育実習日誌（教育実習ノート）も事前に指導教員に見てもらっておいた方が良い。教育実習日誌（教育実習ノート）の出勤表欄には、実習生だけでなく、指導教員

の押印枠もあり、毎日コメント（批評）も書いてもらうことになるからである。

　その他、校長や教頭（副校長）、指導教員、あるいは在学中に教えてもらった教員から、教員就職への意志を確認されることが多い。その際、教員志望者はその強い意志を述べることは当然であるが、とりあえず教員免許を取っておきたいという考えの者も「現時点では、民間企業か教員かで迷っている」などと、多少は教員志望の意志があることを伝えておく必要がある。多忙な学校現場に後継者育成の善意で実習生を迎え入れてくれるのであるから、それが礼儀というものであり、きちんとした指導を受けるためにも、不用意な発言（「教員にはならないが免許だけは欲しい」など）は絶対に慎まなければならない。

　また、学校側が許可する通勤手段によって異なってくるが、自宅（アパート）からの通勤時間についても事前に確認しておく必要がある。

4　教育実習に向けての日常の留意点

　大学生活は夜型になりがちであるが、学校現場は朝が早く、7時頃には出勤している教職員も珍しくない。このため、平常通りの夜型の生活のまま教育実習を迎えると、期間中、朝の体調が悪いまま過ごさなければならないこともある。実習開始の少なくとも1ヵ月前くらいから、意図的に6時頃には起床するなど、朝型生活に転換しておく必要がある。

　また、教育実習期間中は、欠勤は原則として認められないので、体調管理にも留意し、持病のある者は事前に治療しておくことも必要である。

　なお、実習期間中は、実習に専念する意味からだけでなく、体調管理の面からもアルバイトは控えなければならない。最大の成果をあげるためには、万全な体調で臨む必要があるのである。

第 2 節　　教育実習生の服務

1　服装と挨拶・言葉づかい

　まず、教育実習時間中は、大学生ではなく、教員として扱われるということをしっかりと頭に入れておいて欲しい。教員であるならば、自ずからそれにふさわしい服装や言葉づかいになってくるはずである。

　服装については、5 月末～ 6 月のむし暑い時期に教育実習を行う者がほとんどであることを考えると、校内では軽装でも許容されるであろう。男女ともに、いわゆるリクルートスーツで出勤し、校内では、授業中も含めて上着を脱いで半袖の白シャツで過ごしても問題はない（男子についてはネクタイを着用する方が好ましい）。体温管理を上手にできる清潔な服装であれば、極端に派手な色や華美なものでない限り問題はない。要は教員としてふさわしい服装であるかどうか自問し、留意する必要がある。

　頭髪については、様々な個人的見解もあると思うが、実習期間中は、生徒に服装・頭髪の指導を行う立場の教員であることを踏まえ、常識的なものにしなければならない。天然パーマの者はやむを得ないが、茶髪など着色している者は黒髪にしておかなければならない。また、ひげを伸ばしている者も剃っておかなければならない。もちろん、ピアスやイヤリング・マニキュアなどは厳禁である。

　言葉づかいについては、教職員や生徒から注視されていることを念頭に置き、教育者としてふさわしい言葉づかいをしなければならない。

　言葉づかいの留意点としては、①言葉はゆっくり、はっきりと正確に、特に語尾をはっきりと話す、②抽象的表現ではなく、具体的で簡潔に分かりやすく相手に伝わりやすいように話す、③声量は話す相手の人数や場所、相手との距離によって適宜使い分ける、④相手の目を見て話す、⑤いわゆる学生

言葉やタメ口などは厳禁である、⑥生徒に対しては、なれなれしい話し方や上から目線の見下した話し方はしないなどがあげられる。

　大学生活では、友人同士できちんとした挨拶をしなかったり、教員に対してキャンパス内ですれ違って無視しても咎められることはない。だが、同様な態度を取ると、「挨拶もきちんとできないのか」と教員としての本質的資質に疑問を持たれてしまうことになる。指導教員や同一教科の教員は授業実習の内容や評価について理解しているが、他のほとんどの教員にとって実習生を評価する基準は挨拶なのである。

　著者が外部講師として出講している某国立大学の教育実習生の評価について、その大学が所在する県の県立高校長に話をうかがう機会があった。その校長は、「この大学の学生を例年何人も受け入れているが、ほとんどの者に共通しているのは、学力的には優秀であるが、挨拶が全くできていない。これでは教員として不適格だ。大学側はいったいどんな指導をしているのか」という内容の話をされていた。つまり、学力と並んで挨拶も評価基準とされているのである。

　逆に、礼儀正しく、気持ちの良い挨拶ができた実習生に対しては、卒業後母校に戻って欲しいなどの賞賛の声を聞くこともしばしばある。

　このように、実習生に対する学校側の評価は、挨拶によって左右されるといっても過言ではないのである。

　朝出勤したら、教職員の方々すべてに「おはようございます。今日もよろしくお願いいたします」、校内で出会ったら「こんにちは」、指導を受けたら「ありがとうございます」、退勤時には「お先に失礼します」といった基本的な挨拶さえもできない実習生が少なくないのである。なお、生徒に対しても、教職員と同様、授業開始前や校内ですれ違ったら、できるだけ、こちらから挨拶をした方が良い。生徒との信頼関係を結ぶことにもつながるからである。

2 勤務について

(1) 出退勤

出勤時間については、実習校側が指示する時間の 30 分前には出勤しておくように心がけなければならない。交通機関のトラブルや道路の交通渋滞に備え、余裕を持って出勤する必要がある。もし、やむを得ない事情で遅刻しそうになった場合は、指導教員または教頭（副校長）に電話連絡しなければならない。無断遅刻や無断欠勤は論外である。

出勤して実習生控室（職員室の場合もある）に入ったら、まず、出勤簿（出勤表）に押印し、指導教員のところへ朝の挨拶に行き、1 日のスケジュールについて打ち合わせることになる。この際、校内で出会う教職員や生徒に対して、こちらから「おはようございます」、「おはよう」と朝の挨拶をしなければならないことは前述の通りである。

教職員の退勤時間は 17 時過ぎ頃に定めている学校が多いが、この時間になってすぐ退勤する教員はごく少ない。それだけ、教員は多忙なのである。したがって、大多数の教員が職員室に残っているにも拘らず、1 日の業務に一段落が着いたからといって勝手に帰ることは、実習生として不謹慎である。教材研究や実習日誌（実習ノート）の記入が終わり、指導教員に提出したら、周囲の様子を良く観察し（多くの教員が退勤し始めているか）、退勤しても良いか指導教員に許可を得る必要がある。過去の実習生の体験談を聞くと、19時頃が最も多かった。帰宅後も業務を持ち帰らないためにはこのくらいの退勤時間になってしまうのである。実習期間は疲労度も高いため、できるだけ、1 日の業務は学校ですませてから帰るように心がけることである。

(2) 通勤方法

バス・列車などの公共交通機関を利用することが原則であるが、実習校に尋ねて許可が得られるならば、自家用車や原付自転車・自転車の利用も可能

である。その際、所定の駐車・駐輪場所は守らなければならない。

(3) 実習生控室の利用

　実習校の多くは（特に実習生の人数が多い学校は）、実習生が空き時間に教材研究を行うための控室を用意してくれる。理科などの場合は、各科目の実験準備室（例えば、生物準備室など）を控室として使用させてくれる場合もある。

　控室の使用にあたっては、自分の机上の整理整頓は当然であるが、部屋の清掃や出勤時の解錠、退勤時の施錠も自ら率先して行い、指導教員の手を煩わせることがないように心がけたい。なお、他の実習生と情報交換を行うことは結構であるが、静かに教材研究を行っている他の実習生の迷惑にならないようにしなければならない。このような周囲へのちょっとした配慮が、教員を含めた社会人としてのマナーなのである。

(4) 昼食

　高等学校の場合、給食があることはごく稀であり、校内の学生食堂か購買部の利用が一般的である。学校の許可が得られればそれらを利用しても良いが、昼食時には混雑することになるので、できるだけ、弁当を持参した方が良い。

(5) 持ち物

　毎日学校に持って行かなければならない物としては、表1にあげたものが一般的である。

　このチェックリストを利用して、当日朝ではなく、前日の就寝前に必ずチェックしておこう（朝は慌てることが多いので）。特に、印鑑は大学生活では持ち歩くことは少ないが、教育実習では出勤簿や教育実習日誌（教育実習ノート）などに押印することが多いので、必ず忘れないようにしたい。

　また、携帯電話やスマートフォンについては、実習校に持参して良いか確

表 1　教育実習の持ち物（毎日、学校へ持って行く物）チェックリスト

※できれば、実習日数分このページをコピーして、チェック欄に○印を入れよう。

（　　　　）月（　　　　）日（　　　　）曜日

チェック欄	必ず毎日持っていく物
	印鑑
	教育実習日誌（教育実習ノート）
	上履き（学校のスリッパは使用しない、スニーカーでも可）
	筆記用具
	教科書・副教材・授業プリント・指導書などの教材
	ノートかメモ帳
	USB メモリ（学習指導案などの記録媒体）
	『高等学校教育実習ハンドブック』（本書）
チェック欄	**場合によっては、持って行く必要がある物**
	ジャージ・外履きスニーカー（実習期間中に体育大会がある場合）
	折りたたみ傘（実習期間は梅雨の時期になることが多い）

認する必要があるか、必ずマナーモードにしておこう。実習生控室のカバン
の中に入れておき、教室へは持ち込まないこと。

　さらに、喫煙習慣の有る者に限ったことであるが、近年、都道府県の中に
は管内の公立学校すべてで校内全面禁煙のところが増えてきている（校舎内
ではなく、敷地内、駐車場に停めた自動車の中も）。もし、喫煙が許可されている
場合でも（所定の喫煙場所を設定している）、実習生は学校にいる間は喫煙でき
ないと考えなければならない。

　持ち物と関連して、学校の備品・設備、例えば、コピー機やパソコン・プ

ロジェクターなどは、必ず指導教員の許可を得てから使用すること。放課後、空き教室で模擬授業をする場合も同様であり、黒板使用後はきれいに拭いておくこと。

3　教職員や生徒との接し方

（1）教職員との関係

　まず、多忙な学校現場にも拘らず、温かく迎え入れてくれたことに感謝し、「教えてやる」のではなく、「教えさせていただく」という気持ちを常に持っておかなければならない。

　直接的にお世話になる指導教員はもちろん、すべての教職員（教員だけでなく、事務職員や校務技師、学生食堂の調理員の方など、校内で働いているすべての人々）に対して、気持の良い挨拶を心がけよう。目礼だけでなく、声に出して「おはようございます」、「こんにちは」、「お先に失礼します」などと挨拶しよう。

　また、授業見学の初めには「よろしくお願いいたします」、終わったら「ありがとうございます」などと、お礼の挨拶も必要である。

　著者が教育実習視察で九州各県や山口県の高等学校を訪問した際、先生方が異口同音に話されるのは、挨拶がきちんとできた学生に対する高い評価である。授業実習やホームルーム活動の実施が主体であることはいうまでもないが、挨拶も教育実習成功の重要なポイントであることを忘れないで欲しい。挨拶は良好な人間関係構築のための一種の「潤滑油」の役割を果たしているのであり、チームワークが重視される学校現場で、教職員間のきちんとした挨拶が求められるのはこのためである。

　指導教員とは、一般的には自分の実習教科・科目を指導してくれる教員を指すが、その教員が学級担任をしていない場合、別にホームルーム指導の教員が存在することになる。つまり、授業指導を含めた全体的な指導を前者が、ホームルーム（朝・夕のSHR、週1回のLHR）指導を後者が担当することにな

るのである。

　これら指導教員の指導には素直に従わなくてはならない。様々な指導を受けて当然という謙虚な気持ちと、指導教員に対する感謝の気持ちを持って接するように心がけなければならない。

　それとともに、指導教員から指示を受ける前に、こちらから「次の時間はどうしたらよろしいでしょうか？」などと、自分の方から指導教員の指示を仰ぐように心がけたい。つまり、「指示待ち人間」は学校現場でも不要なのである。

（2）生徒との関係

　担当学級や授業実習を行う学級の生徒すべてを平等に扱うことが大原則であり、特定の生徒との親密な関係など、誤解を受けるよう行為は厳禁である。

　また、生徒からメールアドレスや携帯番号など個人情報を聞かれても、決して教えてはならない。もちろん、生徒のそれら個人情報も聞いてはならない。それとともに、実習中・実習後を問わず、特定の生徒と個人的に付き合ったりすることは厳禁である。

　SNS（ソーシャルネットワーキングサービス～ツイッター・フェイスブック・ライン）などによって、実習校の様子や生徒の様子を流すこともあってはならない。特に、生徒の画像には肖像権の問題が存在するので、安易に流したりすると、法的問題が生じかねない。

　さらに、セクシャルハラスメントやパワーハラスメントにつながるような言動には留意すること。生徒に対する言葉づかいは、過度に丁寧である必要はないが、「○○ちゃん」などと馴れ馴れしい呼び方ではなく、「○○君」、「○○さん」など、普通の言葉づかいをすれば良い。

　授業中に私語などの授業妨害をしたり、教科書やノートを開かない、机にうつぶせて寝ているなど、授業を聞く態度ではない生徒に対しては臆することなく毅然とした態度で注意を与えること。その際、必ず注意を与えた理由

も説明すること。

　生徒から見れば、教育実習生はその若さゆえに、親近感と好奇心を持って見られる存在である。この「利点」を活用し、昼食時の教室や清掃時間中など授業以外の場で、こちらから積極的に話しかけると良い。生徒と円滑なコミュニケーションが取れるということは、教員として最も重要な能力の一つなのである。

4　実習期間中の健康管理

　実習期間中は、わずか2〜3週間であっても、肉体的にも精神的にも相当ハードな日々を送ることになると覚悟しておいた方が良い。だらけた学生生活を送っていると、日常とは比べものにならない程の規則正しい生活について行けなくなる。

　朝は7〜8時には出勤し、授業実習や授業見学、教材研究、教育実習日誌（教育実習ノート）の記入など、しなければならない業務が沢山ある。そして、放課後も、教材研究や教育実習日誌（教育実習ノート）の記入、指導教員からの指導や翌日の打ち合わせなどがあり、退勤時間は19時過ぎというのが普通である。

　また、慣れない教職員や生徒との人間関係で、精神的疲労も重なってくる。

　肉体的にも精神的にもハードな日々を乗り越えるためには、まず、自分自身の健康状態を万全にしておかなければならない。体調不良では、たとえ教材研究が十分であっても良い授業はできない。

　このような問題への事前対応策として、次の3点があげられる。

　第一に、教育実習開始の1か月くらい前から朝型生活に転換し、生活リズムを整えておくことである。

　第二に、早めに教材研究に取りかかっておくことである。つまり、実習校のオリエンテーションで示された授業担当個所の教材研究に、実習開始前から取り組んでおくと良い。教育実習が始まってから教材研究を行うのではな

く、開始前から取りかかっておくと、あわてずに済み、心の余裕も持つことができる。

　第三に、もし、同時期に教育実習を行う実習生仲間が存在すれば、悩み事などを遠慮なく相談することである。他に実習生がいないのであれば、帰宅後、親しい友人と電話で話すことで、精神的疲労が軽減されることも少なくない。

5　教育実習初日の留意点

　全実習期間中も当然だが、特に、教育実習の第 1 日目（初日）は絶対に欠席・遅刻などあってはならない。指示された出勤時間の 30 分前には出勤するようにということは前述したが、初日はもう少し余裕を持って出勤しておいた方が良い。

　学校に到着したら、まず、事務室に行き、本日より教育実習でお世話になる旨の挨拶をした後、校長室か応接室に通されることになるであろう。

　その後、指導教員に案内されて職員室に行き、職員朝礼に参加して、全教員の前で自己紹介をすることになる。その際は、①氏名、②大学名・学部・学科（コース）、③実習を行う教科・科目、④実習を受け入れてくれたことへの謝辞、⑤実習への抱負は必ず入れるようにしよう。

　また、高等学校は職員室が広いので、マイク不使用の場合、すみずみまで聞こえるように、できるだけ大きく明瞭な声で話すことが必要である。

　職員朝礼の後、指導教員とともに、担当学級の朝の SHR に行き、そこで再び生徒に対して自己紹介をすることになる。

　生徒に対する自己紹介では、①氏名（黒板に書くと覚えてくれやすいうえ、印象深くなり、生徒との人間関係を築くうえでも役立つ）、②大学名・学部・学科（コース）、③授業を行う教科・科目、④卒業研究のテーマや概要（できるだけ平易に話す、特に、理工系の場合は難解な用語は避ける）、⑤高校時代の自分自身の様子（非母校の場合は、出身高校名も述べる）や部活動、⑥趣味や特技、⑦実

表 2　教育実習第 1 日目の朝の SHR での自己紹介練習シート（模擬 SHR）

教育実習初日の朝、担当学級の SHR で、必ず、自己紹介をすることになります。そこで、この練習として、2 分間で自己紹介をしてください。なお、以下の事項は必ず話すようにしてください。

①氏名、②大学名・学部・学科、③授業を行う教科・科目、④卒業研究の概要、⑤自分自身の高校時代の様子（非母校の場合は出身高校名も述べる）、特に部活動、⑥趣味や特技、⑦実習への抱負

習への抱負は必ず入れるようにしよう。

　表2は、教育実習初日の朝のSHRでの自己紹介の練習用シートである。大学の教育実習事前指導の時間の模擬SHRでこれを活用して欲しい。模擬SHRでは、表2に記入したことを読んでも良いが、本番では覚えておいて話すようにしよう。なお、この自己紹介模擬SHRは、過去に教育実習に行った学生たちから、「やっていて良かった」、「自己紹介であがらずにすんだ」などと、大変な好評である。

　朝のSHR後、校長や教頭（副校長）からの講話や指導教員との打ち合わせが行われるであろう。前述のように、感謝の念を持って素直に指導に従い、「よろしくお願いいたします」、「ありがとうございました」などと、気持ちの良い挨拶を心がけよう。

6　教育実習期間中、特に留意すること（厳禁事項）

　第一に、教育実習期間中は、民間企業への就職活動（いわゆる就活）や退勤後の夜間のアルバイトは行ってはならない。実習期間中に、企業から筆記試験や面接を行う通知があったら、自分で電話かメールして延期を願い出るか、大学の教育実習担当教員や就職課の職員に相談しよう。あくまでも、教育実習の方が優先なのであり、就職試験のために教育実習を欠勤することは、たとえ1日であっても厳禁である。もし、勝手な自己判断で教育実習を欠勤した場合、実習自体が中止となり、教育実習の成績は不合格となる（つまり、教員免許状は取得できなくなる）。

　そればかりでなく、実習校から大学に対して不信感を抱かせることになり、後輩たちがその学校に教育実習に行けなくなる場合も想定される。このような事態が発生した場合、大学の学長（学部長）から実習校の校長宛てにお詫びの文書を郵送するとともに、大学の教育実習担当教員が実習校に謝罪に赴くことになってしまう。自分勝手な行動で、多くの人々に不快な気持ちを生じさせ、後輩に迷惑をかけることにもなりかねないということに十分気をつ

けなければならない。

　第二に、守秘義務についてである。「個人情報保護法」（2005 年 4 月より全面施行）によって、学校現場でも個人情報の管理が徹底されるようになり、教員は、同僚や生徒・保護者の個人情報を校外に持ち出したり、口頭で部外者に話したりすることは禁止されている。もし、そのような行為があった場合、公立学校教員であれば、「地方公務員法」違反で処罰対象となる。

　特に、生徒の個人情報とは、住所・電話番号・メールアドレス、考査や通知表の成績、家庭環境などを指し、それらが記載されているものは紙媒体のみならず、USB などの電子媒体も一切校外に持ち出してはならないのである。実習生も実習期間中は教員に準じた扱いを受けるため、当然、守秘義務が課されており、教育実習終了後も同様なのである。

第 3 節　教育実習生の 1 日

1　教育実習生の 1 日

　では、教育実習期間中、実習生はどのような毎日を過ごすことになるのだろうか。

　表 3 は、福岡県内の私立 A 高等学校（普通科・商業科併設）で情報科の教育実習を行った学生の 2 週間分のタイムテーブルである。

　この実習生の担当学級は 1 年 2 組であり、教科指導教員が学級担任ではないため、別に学級指導教員が存在していることが分かる。つまり、情報科の教科指導を中心とした実習全般の指導を行う教員と、1 年 2 組の学級担任でホームルーム指導を行う教員との 2 人の指導教員が存在しているのである。

　だが、一般的には前者の方を指導教員と呼ぶことは前述の通りである。

　また、授業担当科目は、普通科用の「社会と情報」であり、その他に、「情報処理」、「ビジネス情報」、「ビジネス基礎」といった商業科用の専門科

表3　平成28年度　教育実習生　実習計画表（情報科）

日（曜）	6/6（月）	7（火）	8（水）	9（木）	10（金）	11（土）	13（月）	14（火）	15（水）	16（木）	17（金）
朝自習	1年2組	〃	〃	〃	〃	〃					〃
朝SHR	1年2組	〃	〃	〃	〃	〃					〃
第1時限目	教務部（○○先生）生徒指導部（○○先生）	1-5情報処理 授業見学	1-1社会と情報 授業実習	1-4情報処理 授業見学			1-6情報処理 授業見学	1-2社会と情報 授業実習			1-3社会と情報 授業実習
第2時限目	教科打合せ（○○先生）	1-5情報処理 授業見学	1-1社会と情報 授業実習	1-4情報処理 授業見学			1-6情報処理 授業見学	1-2社会と情報 授業見学			1-3社会と情報 授業実習
第3時限目			1-1社会と情報 授業実習		1-3社会と情報 授業実習					1-6情報処理 授業見学	1-3社会と情報 査定授業
第4時限目			1-1社会と情報 授業実習		1-3社会と情報 授業実習			2-6ビジネス情報 授業見学		1-6情報処理 授業見学	1-2社会と情報 査定授業
第5時限目				1-5ビジネス基礎 授業見学			1-4情報処理 授業見学		1-2社会と情報 授業実習		
第6時限目				1-5ビジネス基礎 授業見学	生徒総会		1-4情報処理 授業見学	2-6ビジネス情報 授業見学	1-2社会と情報 授業実習		
掃除	1年2組	〃	〃	〃	〃	〃				〃	〃
帰SHR	1年2組	〃	〃	〃	〃	〃				〃	〃
部活動	バスケットボール部	〃	〃	〃	〃					〃	〃
備考	短縮授業1-④・家庭訪問			内科検診	大掃除・45分授業	保護者会総会・授業参観					反省会

教科担当	科目名（クラス）	担当	科目名（クラス）	担当
	社会と情報（1-1）	○○先生	情報処理（1-4）	○○先生
	社会と情報（1-2）	○○先生	情報処理（1-5）	○○先生
	社会と情報（1-3）	○○先生	情報処理（1-6）	○○先生
	ビジネス情報（2-6）	○○先生	ビジネス基礎（1-5）	○○先生

教科主任	○○先生（情報）
教科指導教諭	○○先生（情報）
学級指導教諭	○○先生（1年2組）

目の授業見学も行っていることが分かる。

　さらに、放課後の部活はバスケットボール部を指導していることも分かる。

　1日目に空白箇所が多いのは、学校の雰囲気に慣れさせるための猶予期間であると捉えられる。このため、教材研究や学習指導案・板書案の作成に専念しなければならない。

　掃除監督場所は自分の担当学級の教室であることが多い。清掃の時間は、清掃をしながら、生徒と会話し、人間関係を構築する絶好の機会である。授業中は見られない生徒の側面を見ることができるのである。

　1日目の帰りのSHRから、実習生が担当することになる。まず、生徒に私語をやめさせ、自分に注目させて、要領良く的確に連絡事項を伝えなければならない。特に重要事項は教室前方か後方の黒板に板書する必要がある。また、出席簿による出欠確認も必要である。不在生徒については、学級担任に報告し、その理由を確認しておく必要がある。

　放課後は、実習生控室で教材研究や教育実習日誌（教育実習ノート）の記入作業などを行う。もし、部顧問から依頼があれば、部活動指導を行ってもよいが、自分から率先して部活動指導を申し出る必要はない（保健体育科の教育実習生は例外）。放課後の時間は、教材研究、学習指導案や板書案の作成、教育実習日誌（教育実習ノート）の記入などに忙殺され、部活動指導の時間的余裕は無いのが普通である。

　2日目以降を見ると、3日目（6月8日）に2時間、5日目（6月10日）に2時間、8日目（6月14日）に2時間、9日目（6月15日）に2時間、最終日の11日目（6月17日）に3時間の計11時間の授業実習（実習生が実際に授業を行う）を行っていることが分かる。2週間で11時間という授業時間数は、高等学校としては多いといえよう（一般的には5時間程度）。特に、最終日（6月17日）の5時限目には、査定授業（研究授業）が設定されている。情報科担当の全教員や校長・教頭といった管理職などが授業見学を行い、放課後に反省会（授業批評会）が行われている。これまでは指導教員1人のみの授業批評

であったものが、複数の教員から授業の批評がなされることになる。この反省会で出された批評内容は必ずメモしておく必要がある。

　授業実習の他に、観察（見学）実習として、主に同じ教科の授業見学を行うことになるが、この実習生の場合、計14時間の授業見学科目はすべて商業科の科目である。これは、情報科と類似した商業科の科目の授業を見学させようという、学校側の配慮によるものである。

　授業見学では、情報科の実習生に地理歴史科の授業を見学させたり、理科の実習生に英語科の授業を見学させたりすることも多々ある。一見、関係ない科目であるかのように考えられがちであるが、他教科のベテラン教員の授業を見学することによって、話法や発問などの授業技法を会得して欲しいという、学校側の配慮によるものであるから、その意図を十分承知しておく必要がある。

　この他、実習期間中に、内科検診や大掃除、生徒総会、保護者会総会などの学校行事が設定されている。実習期間中の5月末〜6月初めという時期は、中間考査や体育祭などが設定されていることが多い。このような学校行事に対して、実習生としてどの程度参加するのかということは、指導教員の指示を仰ぐ必要がある。

2　教育実習日誌（教育実習ノート）の記入

　実習期間中、教育実習日誌（教育実習ノート）を必ず学校に携行し、1日分の実習内容を放課後までに記入し、指導教員に提出してコメントをもらわなければならない（各大学によって様式が異なる）。

　この教育実習日誌（教育実習ノート）には、1日ごとの教育実習内容、具体的には、1日の動向、授業実習を行った感想や反省点、授業見学を行っての感想や学ぶべき点、教材研究や学習指導案・板書案作成にどのように取り組んだかといったことを詳細に記入する必要がある。

　記入に際しては、黒色の万年筆かボールペンで記入するのが原則であり

表4　教育実習日誌の具体例

教 育 実 習 記 録

平成　年　月　日（　曜日）	指導教員点検印	印	印
始業前　内容区分〔　　　〕（　年　組） 実習 内容 [　　　　　　　　　　　　　　　　　　]		〔備考〕	
第1時限　内容区分〔　　　〕（　年　組） 実習 内容 [　　　　　　　　　　　　　　　　　　]			
第2時限　内容区分〔　　　〕（　年　組） 実習 内容 [　　　　　　　　　　　　　　　　　　]			
第3時限　内容区分〔　　　〕（　年　組） 実習 内容 [　　　　　　　　　　　　　　　　　　]			
第4時限　内容区分〔　　　〕（　年　組） 実習 内容 [　　　　　　　　　　　　　　　　　　]			
給食時間・昼休み 実習 内容 [　　　　　　　　　　　　　　　　　　]			
第5時限　内容区分〔　　　〕（　年　組） 実習 内容 [　　　　　　　　　　　　　　　　　　]			
第6時限　内容区分〔　　　〕（　年　組） 実習 内容 [　　　　　　　　　　　　　　　　　　]			
第7時限　内容区分〔　　　〕（　年　組） 実習 内容 [　　　　　　　　　　　　　　　　　　]			
放課後　内容区分〔　　　〕 実習 内容 [　　　　　　　　　　　　　　　　　　]			

　記入上の注意：「内容区分」には、講話、参観、授業実習、反省会、授業準備、クラブ活動、その他を記入してください。「実習内容」については、その時間に行った実習内容を簡潔に記述してください。平常授業以外の特別活動（体育祭、文化祭、遠足等）が行われた場合、その概要を「備考」欄に記入してください。

感想・反省・研究事項等

指導教員の批評

表5 教育実習日誌の具体例（実際に記入したもの）

教 育 実 習 記 録

平成25年6月3日（月 曜日）	指導教員点検印		印

	〔備考〕
始業前　内容区分〔講話　〕（1年4組） 実習内容： ・黙学　　クラスは一人ひとり集中して取り組んでいた。 ・朝礼　　代表として挨拶させていただいた。	
第1時限　内容区分〔準備　〕（　年　組） 実習内容： 参観の計画立て	
第2時限　内容区分〔参観（　組）〕（1年4組） 実習内容： 英語：次のUnitの予習 公欠者が複数おり、プリントの切り貼りと予習だった。 先生が丁寧に目を配り短くわかりやすい注意されていた。	
第3時限　内容区分〔準備　〕（　年　組） 実習内容： 授業と参観の計画立て。	
第4時限　内容区分〔準備　〕（　年　組） 実習内容： ・実習記録 ・教材研究	
給食時間・昼休み 実習内容： 昼食後　クラスで男子と会話	
第5時限　内容区分〔参観（　組）〕（1年7組） 実習内容： 簿記：仕入帳・仕訳 仕入帳の板書がきれいでわかりやすかった。 導入の世間話も参考になった。また生徒が元気よく真剣なのか少し質問。	
第6時限　内容区分〔　〕（　年　組） 実習内容： 実習記録	
第7時限　内容区分〔参観（　組）〕（1年3組） 実習内容： 簿記：現金・当座借越 当座借越は何であるかを丁寧に説明されていた。 また板書が一見て内容がわかるようにまとめられていた。	
放課後　内容区分〔講話　〕 実習内容： ・掃除・戸閉まり　最初　掃除場所変更直後で生徒が ・SHR見学　　　　戸惑っていた。明日はスムーズに 　　　　　　　　　進めるよう準備する。	

　記入上の注意：「内容区分」には，講話，参観，授業実習，反省会，授業準備，クラブ活動，その他を記入してください。「実習内容」については，その時間に行った実習内容を簡潔に記述してください。平常授業以外の特別活動（体育祭，文化祭，遠足等）が行われた場合，その概要を「備考」欄に記入してください。

感想・反省・研究事項等

　今日は、実習の初日ということで緊張もあり時間の経過がとても早く感じた。その中で要所で多くの先生に話をしていただきつつ学ぶことができた。これらのことを1つ1つ実践して初めて「学び」だと思っているので行動できるようにしていきたい。朝、学校に来て生徒と挨拶をしたり朝礼の様子や職員室の様子を観察したりする中で少しづつ自覚が深まっていくような感覚があった。朝礼後の黙学は全員が姿勢よく集中していたのが印象的だった。始めの挨拶では　　　先生がやり直しをされており、それは習慣化する上でとても大事なことだと思う。また注意のポイントも「相手の礼を最後まで見届けてから次の行動へ移る」というシンプルで分りやすいものだった。明日から私がSHRを担当することになるが挨拶の部分だけは手はずさないようにしたい。今日は2限目の　　　先生の英語と専門教科は5限目の　　　先生、7限目の　　　先生の簿記を観察見学させていただいた。2限目は担当クラスの1年4組を見学したが生徒が予習を黙々と進めており取り組み方が素晴しいと思った。　　　先生は大事な箇所は全員の注目を集め、目を配ってから話をされていた。これは自分に取り入れ実践につなげたい。　　先生は1つ1つを生徒の表情を確認しながら進められていた。また帳簿から仕訳をつくる時、一度帳簿の中身を文章化して説明されていた。　　先生も言われていたが言葉がうまく解釈できずにわからなくなるケースがあるので説明やプリントに解説や書き込めるスペースをつくるなど学習後も活用できる板書やプリント作りを心掛けたい。
　改めて　　　を見たとき生徒の挨拶が元気よくとてもさわやかに感じた。明日は今日以上に自ら動いて多くのことを吸収したい。

指導教員の批評

　実習初日でありましたが、高校総体の学年応援と重なり、予定していた授業が変更となり全く指導できなかった事を大変申し訳なく思っております。ただ担当クラスの生徒達をじっくり観察できた事はよかったと思います。明日以降事前研究に力を入れ、指導力を身につけて下さい

（誤字の場合は、横の二重線を引いて訂正印を押す）、誤字・脱字や文章表現などに留意し、分かりやすい（読みやすい）文章を書かなければならない。

　教育実習日誌（教育実習ノート）の記入についても、実習校では評価の対象としており、指導教員のみならず、校長や大学の教職課程担当（教育実習担当）教員も読むということを念頭において丁寧に記入して欲しい。

　表4は、著者の勤務先である近畿大学の教育実習日誌（教育実習ノート）の1日相当部分のコピーである（2ページで1日分）。

　「内容区分」欄には、校長や指導教員の講話、授業実習、授業見学（参観）、授業準備（教材研究や学習指導案・板書案の作成など）、部活動への参加などを記載し、「実習内容」欄は「内容区分」の具体的な内容を簡略に記入するようになっている。

　また、「感想・反省・研究事項等」欄には、1日分の具体的実習内容や感想・反省といった自分の意見を記入するようになっている。1日分だけでもかなりの分量があるので、日常、文章を書き慣れていない者にとっては大変な作業となるであろう。

　表5は、実際に2013（平成25）年6月に教育実習を行った近畿大学生の教育実習日誌（教育実習ノート）の第1日目部分の実物のコピーである（教員名は削除）。

　この実習生は、母校のB県立B商業高等学校で2週間の教育実習を行い、現在は、商業科の教員として活躍中である。

　実習初日は、授業見学を3時間（商業科「簿記」2時間及び英語科1時間）を行っていることが分かる。

　また、3〜4時限目及び6時限目は、教材研究や教育実習日誌（教育実習ノート）の記入に充てられていることが分かる。

　さらに、昼休みには担当学級に行って自分から率先して生徒たちと交流しようと努力していることも分かる。

　「感想・反省・研究事項等」の記入部分では、「実習の初日ということで緊

張もあり時間の経過がとても早く感じた」と述べ、教育実習初日ということでかなり緊張している様子が語られている。だが、そのような状況でも、「要所で多くの先生に話をしていただき１つ１つ学ぶことができた。これらのことを１つ１つ実践して初めて『学び』だと思っているので行動でできるようにしていきたい」として、教員の様々な指導を謙虚に受け止め、それを実践することができて初めて学習したことになると述べている点は、実習生の覚悟として称賛に価するといえよう。このように、すべての指導を自分の中に取り入れ、教員としての資質・能力の向上につなげようとする態度は、他の実習生も見習って欲しい。

　なお、実習期間中、大学の教職課程担当教員が実習視察のために来校することがあるが、その際、必ず、この教育実習日誌（教育実習ノート）の点検指導を行うので留意しておくこと。

　教育実習日誌（教育実習ノート）は、実習終了後、指導教員の最終点検を経て、本人が大学の教務課に直接提出するか、教員実習成績報告書とともに大学に郵送されてくることになる。いずれかの方法にしても、一旦、大学側が回収することになっているので、個人で保管しておかないこと。回収した教育実習日誌（教育実習ノート）は、教職課程（教育実習）担当教員が点検を行ったうえで、卒業式当日に教員免許状とともに本人に返却されることになる。

第４節　授業実習について

1　教育実習の形態

　教育実習イコール授業実習と捉えられがちであるが、大別して次の３形態に分類することができる。

（1）観察実習（見学実習）

　ここでいう観察（見学）は、授業のみならず、学校の教育活動すべてを対象としている。具体的には、学校の施設・設備や地域環境、教職員の構成と業務の様子（校務分掌の遂行も含む）、生徒の状況、教科・科目や総合的な学習の時間の授業、学級経営、生徒（生活）指導、ホームルーム活動、学校行事、生徒会活動、部活動などを観察（見学）することによって、校内の教育活動の全体像を理解することが目的とされている。そして、その中心的対象が、自分の担当する教科・科目の授業であることはいうまでもない。

　観察の視点は様々存在するが、特に、①教員の教育活動（授業や学級経営・生徒指導・校務分掌の具体的状況など）、②生徒の実態（授業中や昼休み・清掃・部活動などにおける具体的状況）、③授業の様子の３点に絞って観察して欲しい。あれもこれもと観察の視点を広げるのではなく、この３点に絞って観察することにより、学校の教育活動の中核部分を理解することができるであろう。

　特に、授業見学については、①授業展開（授業の進め方や時間配分）、②教科書・副教材の活用及び話法や板書・発問といった指導技術、③生徒の授業態度や学習意欲・理解状況の３点に焦点を絞って観察（見学）する必要がある。

　なお、見学する授業については、指導教員が担当教員と話し合って決めてくれるのが普通だが、授業開始前に職員室の担当教員に挨拶に行き、終了後も丁寧に御礼を述べること。また、授業中は必ずメモ用ノートを準備して、参考にすべき点をメモしておくこと。

（2）参加実習

　指導教員の指導の下で、授業などの教育活動の一部に実際に参加させてもらうことにより、教員の業務を実感的に理解することが目的とされている。

　具体的には、指導教員の授業に補助として参加したり、朝・夕の SHR や清掃指導を行うこと、さらには、体育大会などの学校行事に参加することな

どがあげられる。単に観察（見学）するだけでは得られない達成感が得られる一方、教員の業務の多様性や難しさについても実感的に理解することができるであろう。

（3）授業実習

自分の担当する教科・科目の授業を、指導教員の指導・助言に従って実際に行うことであり、その前提としての教材研究や学習指導案・板書案の作成も含まれている。実際に授業を行うことによって、知っていることと教えることの違いや、要点を押さえつつ分かりやすく教えることの難しさを実感することになり、教科指導の基礎力育成が目的とされている。生徒の学習意欲や理解度といった実態に即応した授業を行うためには、綿密な教材研究が必要である。一般的に、教育実習生の場合、1 時間の授業を行うためには最低限 5 時間の教材研究が必要であるといわれるのはこのためである。

実習校によって多少の差異はあるが、高等学校、特に普通科進学校の場合は、5 時間程度が一般的である。これは、実習生が授業を行うことによって、当該科目の年間指導計画に基づく授業進度に影響が出るのを最少限にとどめるためなのである。実際、実習生が授業を行った個所を教育実習終了後、担当教員が復習しなければならないという話をよく聞く。このような事情があるということを実習生は受け止め、真剣に授業実習に取り組んで欲しい。

2　教材研究

（1）教材研究の目的

教材とは、学習指導（主として教科指導）に用いられる材料のことであり、具体的には、教科書や資料集・図表・ワークブックなどの副教材、教員自作のプリントや掲示資料、DVD などの視聴覚資料などを指している。この他、近年では新聞やウェブサイト資料も用いられるようになっている。

このように、授業を成立させる重要な要素である教材を研究すること、即

ち、学習指導目標達成のため、興味・関心や理解度といった生徒の実態を踏まえて、教材の内容や適切な活用法を研究することである。「教科書を教える」のではなく、「教科書で教える」とはよく言われる言葉であるが、教材を十分に研究し、それを効果的に活用できるかどうかは教員の意欲と力量にかかっているのである。

　授業を料理に例えれば、学習指導案は「レシピ」に相当し、教材は「食材」、教員は「料理人」に担当すると捉えることができる。どんなに「食材」が良くても「料理人」が下手では美味しい料理を作ることはできない。また、どんなに「料理人」が上手でも、「食材」が悪ければ美味しい料理にはならない。このように、教材を十分に吟味し、「料理を食べる立場」の生徒の実態に合うような活用法を研究してこそ、初めて「美味しい料理」としての授業が成立するのである。

　一般的に、授業の成否は教材研究の量と質とに左右されるといわれているように、実習生にとって、授業実習を成功させるためには綿密な教材研究が必要なのである。つまり、学習指導目標や生徒の実態を踏まえた「良い授業」を成立させるために教材研究は不可欠なのである。

(2) 教材研究の視点

　教材研究を進めていく際の視点としては、次の3点があげられる。

　第一に、授業に対する教員の意欲や構想力、即ち、授業に対する熱い思いである。「何を教えたいのか」、「何を分かってもらいたいのか」を常に自問自答しつつ、量（時間）や質（レベル）を十分に確保した教材研究を行う必要がある。

　第二に、授業を受ける生徒の実態理解ということである。授業とは、教員と生徒との双方向的学習活動であり、教員が一方的に生徒の実態を無視して行うものであってはならない。生徒の実態とは、具体的には授業科目に対する興味・関心や学習意欲、理解度、授業態度などを指している。これらを踏

まえて、教材の加工方法など、適切な活用法を考案していくことが必要なのである。

　第三に、教材を幅広く捉えるということである。一般的な教材は、教科書やそれに付属した副教材であるが、教員の創意工夫によっては、社会情勢や自然環境など、実に多様なものが教材として活用できるのである。教科・科目の特性にもよるが、できるだけ生徒の身近な実生活に関連した教材を選んだ方が、生徒の興味・関心を高めるのに効果的である。この教材選定の能力も、教材研究を進めていくうえで自ら意識的に高めていかなければならない。

（3）教材研究の方法

　実習生の場合、教材研究は指導教員の指導・助言を受けながら進めていくことになるが、指導教員頼りではなく、自分色を出しながら、オリジナリティーのある授業を作る必要がある。つまり、指導教員の模倣授業ではなく、基本的内容は押さえながらも、自分色を出した授業が好ましい。そのためには教材研究の方法にも創意工夫が求められる。

　まず、教科書（本文だけでなく、図表・脚注なども精読すること）や副教材、教授資料（教員が授業を進めるためのガイドブック的書物、教科書ごとに作成されている）、指導教員作成の授業プリントなどが基本的教材であるが、これらだけに頼るのではオリジナリティーのある授業の成立は望めない。

　授業見学の際、指導教員の教材活用法を学んだり、授業内容に関係した専門書を読んだり、自分で効果的な教材を考案・作成することが必要である。十分な教材研究をしようとすれば、時間がいくらあっても足りないのである。そして、このような実習生の努力を指導教員は観察しているのであり、高い評価が与えられることにもつながるのである。

3　学習指導案の作成

(1) 学習指導案とは

　学習指導案（略称は指導案）は 1 単位時間（一般的にいう 1 時間分、高等学校の場合は通常 50 分）の学習指導計画のことを指す。つまり、1 単位時間分の授業展開の設計図と捉えることができる。

　学校ごとに様式が多少異なっており、全国共通の定まった様式というものはないが、記載すべき共通項目というものが存在する。

　具体的には、①単元名（大単元名・小単元名、授業で教える学習内容のまとまりを単元という、大単元名は教科書の章の題目、小単元名は節の題目とする場合が多い）、②授業年月日・学級・授業者名（実習生名）、③教材観（単元観ともいい、該当の小単元ではどのような学習内容を扱い、どのようなことを理解させたいのかといった単元設定理由を記す）、④生徒観（授業を行う対象生徒の状況を記す）、⑤単元目標（生徒の観点からの小単元の到達目標を記す）、⑥指導計画（大単元の時間配当計画とその中でこの授業はどこに位置づけられるのかを記す）、⑦本時〈この授業〉の目標、⑧本時の展開（表形式が普通、授業進行の計画）、⑨本時の評価の 9 項目が一般的である。

(2) 学習指導案の意義

　教育実習では、授業実習に際して、必ず学習指導案を作成しなければならない。すでに、大学の教職課程の各教科教育法（指導法）の授業で作成方法の大要は学んできているが、実際に本格的に作成するとなると、実習生は大変苦労するのが普通である。

　だが、授業実施の前提として、学習指導案作成は当然のことであり、次の三つの意義（役割）も有している。

　第一に授業の綿密な設計画を事前に授業見学者に示すという意義であり、第二に授業者が授業進行の目安として利用するという意義であり、第三に授

業研究や授業計画の資料とするという意義である。

（3）学習指導案の様式と作成例

　学習指導案は、その様式から細案と略案とに区分される。

　表6は理科（「生物基礎」）の細案例であり、表7は公民科（「現代社会」）の略案例である。

　表6（細案）と表7（略案）とを見比べて、まず気づくのはその記述分量の違いであろう。細案には、単元観・生徒観・指導観・指導計画などが詳細に記載されているのに対し、略案は学習展開過程が中心となっている。一般的に教育実習では細案の作成が求められる。略案はベテラン教員の校内研究授業で作成する場合が多い。一昔前までは手書きの学習指導案も散見されたが、現在では各学校所定のフォーマットにしたがってパソコンで作成することが普通である。

　では、次に表6を事例として、学習指導案（細案）の作成手順について見ていこう。

　まず、冒頭に教科名・科目名を入れて○○○○学習指導案とタイトルを記し、学校名・指導教員名・授業者（実習生）名・授業日時・授業実施学級・授業実施場所（ホームルームのことが多い）を記入している。この部分が学習指導案の表題部分と考えてよい。

　続いて、「1　単元名」及び「2　単元設定の理由」が記載されている。

　「1　単元名」の部分では、この教科書（『生物基礎』数研出版、2015）の「第1章　生物の特徴」が大単元名とされ、「第3節　光合成と呼吸」が小単元名とされている。単元とは学習指導内容のまとまりのことをいい、いくつかの小単元によって大単元が構成されている。一般的には、教科書の章のタイトルを大単元名とし、また、節のタイトルを小単元名として記載する場合が多い。

　「2　単元設定の理由」の部分は、「単元観」、「生徒観」、「指導観」に区分

表6　学習指導案の具体例（細案）

理科　　生物基礎　　学習指導案

　　　学校名　　○○○○○○
　　　指導教官　○○○○
　　　授業者　　実習生　○○○○
　　　実施日時　平成27年6月11日4限目
　　　実施学級　第1学年5、6組38名（男子：11名　女子：27名）
　　　実施場所　305教室

1　単元名
　　第1章　生物の特徴　第3節　光合成と呼吸（数研出版　生物基礎 P.42 ～ 56）

2　単元設定の理由
○単元観
　本単元では、生命活動に必要なエネルギーと代謝について理解すること。そのため、光合成によって光エネルギーを用いて有機物がつくられ、呼吸によって有機物からエネルギーが取り出されることを扱う。その際、生じた ATP が、光合成の反応など生命活動に広く利用されること、光合成や呼吸の反応が酵素の触媒作用によって進むことにも触れる。また、ミトコンドリアと葉緑体が、原核生物に由来することにも触れる。

○生徒観
　本学級の生徒は男子11名、女子27名の計38名（アンケート時は37名）の1年次生のクラスである。
授業前に行ったアンケートによる結果は以下のようになった。
Q1、あなたは生物が好きですか？
　　　好き　　26名　　　嫌い　　11名
　生徒の半数は生物に関して関心を持っていることがわかる。クラスの雰囲気は良く、質問に対して、解答が返ってくる。
Q2、あなたは生物が得意ですか？
　　　得意　　15名　　　不得意　　22名
　生物が好きと答えた生徒は、26名いたが、生物が不得意と答えた生徒が22名もいた。これは、生物という科目は好きだが生物が不得意と思う生徒が多数いるという事である。生物の身近なことに触れ興味をわかせ、しっかりと基礎を教え固めていくことが必要であるだろう。

Q3、あなたは将来学校で学んだ生物が役に立つと思いますか？

　　　　役に立つ　　26名　　　役に立たない　　11名

　生徒の半数は将来学校で学んだ生物が将来において役に立つと思っている。生物では、日頃何気なく行っている呼吸や、体内におけるホルモンの分泌について取り扱うため身近な現象などに関連付け工夫を行い、興味を持たせる必要があると考える。

Q4、あなたは勉強を楽しいと感じたことがありますか？

　　　　ある　　16名　　　ない　　21名

　半数の生徒が勉強を楽しいと感じたことがないと回答した。これらの生徒たちが生物を通して勉強を楽しいと感じることのできるよう身のまわりでおこっている事象に関連付けをしなければならない。勉強が楽しいと感じることのできるよう動機付けをする必要があると考えられる。

○指導観

　本単元の指導に当たっては、呼吸とは細胞内でおこり、細胞のどこで行われているかについて説明する。また材料、生成物、呼吸の流れについて説明できるようになることを狙っている。この分野においては化学式を用いる場面もあり、苦手意識を持つ生徒もいると思うが、身近な現象を用いて生徒に興味を持ってもらえるように努める。生徒との授業中のコミュニケーションが大切であるので質問などを行い一方的な授業ではなく双方向的に授業を行うことが大切であると考える。

3　単元指導目標

　　　・ミトコンドリアと葉緑体の由来について説明できるか。（知識・理解）

　　　・細胞内共生説について説明することができるか。（知識・理解）

4　指導計画

　第1章　生物の特徴

　　第1節　生物の多様性と共通性

　　　　　　　動物と植物の構造について学習する。

　　第2節　エネルギーと代謝

　　　　　　　代謝とエネルギーの出入り

　　第3節　光合成と呼吸……（2時間目〜本時）

　　　　　　　光合成と呼吸の過程、流れについて。ミトコンドリアと葉緑体の由来について。

5　本時

(1)　本時の指導目標

　　ア　好気性細菌が真核生物に取りこまれ共生することによりミトコンドリ
　　　　アになることを理解する。（知識・理解）
　　イ　細胞内共生説について理解する。（知識・理解）

(2)　本時の授業仮説

　　ミトコンドリアや葉緑体の由来についての学習において好気性細菌とシア
　　ノバクテリアが真核生物に取りこまれることによってミトコンドリアと葉
　　緑体になることを理解し、細胞内共生説について理解できる生徒が育つで
　　あろう。

(3)　教材

　　　教員　教科書　生物基礎（数研出版）
　　　生徒　教科書　生物基礎（数研出版）

(4)　学習の展開

	学習内容・活動	教師の支援 指導上の留意点	教材	時間配分	学習形態	評価
導入（7分）	1.前回の復習	独立栄養生物と従属栄養生物について復習する。	プリント	2分	一斉	授業に関心を持って聞いている。（意欲・関心・態度）
	2.ミトコンドリア葉緑体の働きについて復習する。	ミトコンドリアと葉緑体が呼吸と光合成において重要な役割を果たす細胞小器官であることを復習させる。	教科書	2分	一斉	
	3.原核生物、真核生物について復習する。	原核生物と真核生物の違いについて、また、どのような生物がいたか復習する。		3分	一斉	
展開（37分）	4.ミトコンドリアの由来について学習する。	酸素を使わず有機物を分解する嫌気性細菌が進化し酸素を使って有機物を分解する好気性細菌が真核生物に取りこまれ共生することによりミトコンドリアになることをおさえる。	教科書	15分	一斉	積極的に授業に参加している。（関心・意欲・態度）

	5. 葉緑体の由来について学習する。	光合成を行う原核生物（シアノバクテリア）が真核生物に取りこまれて共生することで葉緑体になることをおさえる。	教科書	5分	一斉	授業に関心を持っている。（意欲・関心・態度）
	6. 共生について例を用いて学習する。	異種の生物どうしが密接な結びつきを保って生活する関係を共生といいクマノミとイソギンチャクの関係が片利共生であることをおさえる。	教科書	6分	一斉	授業に関心を持っている。（意欲・関心・態度）
	7. マーグリス（マーギュリス）が提唱した共生説について学習する。	ミトコンドリアや葉緑体は、内外2枚の異質二重膜でできていること、独自のDNAをもち、半自律的に増殖することができることをおさえる。	教科書	11分	一斉	授業に関心を持っている。（意欲・関心・態度）
まとめ（6分）	本時のまとめ	本時のミトコンドリアや葉緑体の由来を含めて今単元を確認する。	板書・ノート	6分	一斉	本時の授業内容を理解できている。（知識・理解）

されている。

　「単元観（教材観）」の部分には、この授業を行う小単元ではどのような学習内容を扱い、どのようなことを理解させることが目的なのかについて、自分の見解を記載している。つまり、学習内容に対する授業者の見方を記すのである。

　「生徒観」の部分には、授業を行う対象生徒の全体的状況（男女比や文系・理系など）やこの科目に対する興味・関心や学習意欲、理解度など、生徒の実態について自分の見解を記載している。

　特に、この学習指導案では、生物という科目に対する事前アンケートを実施し、その結果を基に「生徒観」を述べている点は評価に値するといえよう。授業者の判断よりも、生徒の実態が正確に把握できるからである。アンケート結果を受け、「身のまわりでおこっている事象に関連付けをしなければな

表7　学習指導案の具体例（略案）

公民科（現代社会）学習指導案

指導教諭＿＿＿＿＿＿＿＿　実習生＿＿＿＿＿＿＿＿　㊞

　　1年　　組　　（教室）男子　　名、女子　　名、計　　名

平成〇年〇月〇日（第　　時限）

単　元　名　日本経済の特質と課題

単 元 目 標　①日本経済の国際化はいつ頃から始まり、現在どのような状況にあるの
　　　　　　　かを考えさせる。
　　　　　　　②国際化に伴って、日本はどのような課題に直面しているか。また、そ
　　　　　　　の課題を解決するためにどのような努力が必要かを考えさせる。

本時の主題　「日本経済の国際化」

本時の目標　①人・金・物の動きを通して、日本の特徴と他の欧米先進諸国との相違
　　　　　　　点を明らかにさせる。
　　　　　　　②日本および日本人にとって国際化社会で果たす役割と課題の克服への
　　　　　　　解決法を考える。

本時の過程

	指 導 項 目	指 導 内 容	学 習 活 動	指導上の留意点	資　　料
導入（5分）	海外への日本渡航者と来日したジャパユキさん	人的交流の数と目的	・海外へ出かける日本人の多くはどこへいくのか ・ジャパユキさんはどこから来るのか	日本の外国人受け入れについてどのような課題があるのか。	
展開（40分）	人的交流	日本の海外渡航の2つの流れについて （1）観光旅行 （2）企業関係・留学生	・観光旅行者数の推移 ・目的地の変化 ・日本人学校の所在地 ・留学生の渡航先	日本からどのような地域に多くの人が出かけているのかを観光と仕事（学問）に分けて、その相違点を考えさせる。日本人学校の存在の是非についても考えさせる。	観光白書 JETRO資料
	資本の流れ	日本の国際収入のうち資本収入の問題点	・外資系企業の国籍別数 ・外国への企業進出の地域別内訳	どの業種の企業の進出、どの地域への進出が多いかを考えさせる。	経産省資料
		経済協力の実績	欧米先進国と比べた日本の特色	政府開発援助と民間資金との相違、日本の開発援助の方法が途上国の不満となっている理由を理解させる。	経済協力白書

	貿易	貿易摩擦 1980 年代の輸出入	日本の貿易がなぜ欧米で摩擦を生じ易いのか	欧米と日本の貿易内容の問題点を指摘させる。	日本国勢図会
		円高と市場開放問題	円高は日本にとって有利であるか否か	円高差益・差損となるものをあげ、生活実感を考えさせる。	
			市場開放と日本の閉鎖社会について	日本は外圧をなぜ強く受けているのかを考えさせる。	
	日本社会の特質	日本的経営	日本の伝統的な習慣・商法に基づく経営の特色	欧米諸国と比べた日本の企業経営の特性を指摘させる。	
まとめ〔5分〕	日本文化と文化交流	文化の輸出	外国文化の吸収を中心とした社会から日本文化輸出の努力	日頃どのような態度で国際化を進めていくべきかを考えさせる。	

評価　①経済大国と呼ばれている日本にとって、国際化のためにどのような努力が必要かが理解
　　　　できたかどうか。
　　　②世界の中で日本人はどのような役割を果たし、国際社会に貢献すべきか、そのためにどのような態度を構築させていくべきかが身についたかどうか。

らない」として、生徒の実生活に即した授業方針が述べられている。

　「指導観」の部分には、単元指導目標を達成するために、どのような内容の学習活動を展開するのかといったことについて、自分の見解を記載している。「単元観」や「生徒観」で述べた分析結果を基にして、「指導観」の部分を記載する必要がある。つまり、このような学習内容をこのような生徒に対して行うためには、どのような指導が必要なのかということである。

　「3　単元指導目標」の部分は、小単元の指導目標とすることが一般的であり、目標と評価は表裏一体のため、観点別授業評価の四つの規準（「関心・意欲・態度」、「思考・判断」、「技能・表現」、「知識・理解」）に基づいて目標を記載するのが一般的である。

　「4　指導計画」の部分は、大単元の指導計画を記載しており、さらに、小単元やこの授業は指導計画の中のどこに位置するのかも記載している。

　「5　本時」の「(1)　本時の指導目標」の部分が、この授業（50分間）の直

接的指導目標であり、観点別授業評価規準の4区分に基づいて記載している。また、「〜理解する」というように文章の主語を生徒にし、生徒がどのようなことができるようになるのかといった立場で記載している。

　「(4)　学習の展開」の部分は、この学習指導案のように表形式で示されることが一般的である。

　学習指導案の学習展開部分（表形式）では、縦軸に、「導入」（前時の復習やこの授業のねらいについて説明）→「展開」（授業の本論部分）→「まとめ」（学習内容の整理・確認と次時の予告）といった、授業展開の3段階を記載する。各々、5分→40分→5分とするものが多いが、この学習指導案のように、時間配分の多少の変更は問題ない。

　横軸には、「学習内容」、「学習活動」、「指導上の留意点」、「時間配分」などを記載する。「学習活動」の部分では、「教科書○○頁を読む」などと、文章の主語を学習者である生徒にする。また、「指導上の留意点」では、内容が重要であったり、生徒が理解しにくい個所や特に指導が必要な注意事項について記載する。また、資料の提示や機器の使用もここに記載する。したがって、「○○を確認させる」、「○○をおさえる」などと、文章の主語は指導者（授業者）になる。

　学習指導案の作成は、慣れないうちは大変苦労するが、指導教員のアドバイスを受け、何回も作成していくうちに、その作成の要領が次第に分かってくるものである。

　1時間分の授業実習が終了するごとに、学習指導案の目標や内容が実際の授業でどこまで達成できたか自分で確認するとともに、指導教員の批評にも素直に耳を傾けることが必要である。学習指導案に基づいた授業反省を積み重ねることが授業改善につながっていくのである。

(4) 板書案

　板書計画ともいい、学習指導案と一対をなすものであり、文字通り黒板に

表8　板書案（板書計画）の具体例　公民科「現代社会」

1　青年期とは何か (p.30-31)

第二の誕生

■「青年期」=「第二の誕生」：ルソー『エミール』

人生の重要な節目、自分の人生を生きるスタート

ヤングエイジ	青年前期	青年中期	青年後期
⇒小学生後半	中学生	高校生	それ以降⇒

青年の成長と悩み

■「青年」=「境界人（マージナルマン）」：レヴィン

子どもと大人、どちらの性格もあり、どちらにも所属できない（強い自己意識）

・自我に目ざめる
・自分を見つめる
（「他人の目に自分がどう映るか？」）
・孤独や劣等感、苦悩を感じる
・自信がなく、強く不安を感じる

　悩みを相談できる友人を求める

ヤマアラシのジレンマ → 他人への共感・連帯感

友人との適切な距離の発見

アイデンティティの確立

■青年の課題

心理的離乳（精神的離乳）…親からの精神的な独立

アイデンティティ（自己同一性）の確立：エリクソン
=簡単には変わらない自分の確立

自分の考える自分の姿 ｝
他人が考える自分の姿 ｝ 一致させる

・他人に認めてもらえるような自分らしさと
・何かに打ち込み、自分らしさを確立

「モラトリアム（猶予期間）」の、試行錯誤の経験が必要（エリクソン）

（もとは銀行の支払い猶予期間のこと
大人の義務・責任を免除されている見習い期間）

■アイデンティティの拡散

・自分に対する自分の評価と、周りの評価が異なる
→アイデンティティの拡散=青年期危機説 ⇔ 青年期平穏説：ゲーテ

＊「人は努力する限り迷うものである」：ゲーテ
・ピーターパンシンドローム…大人になることを拒否する心理

板書する際の案を記したものである。自作プリントで授業する場合はこれが代用されるので作成する必要はない。教育実習では、学習指導案とともに作成が義務づけられる。教員になると、学習指導案は研究授業などの場合以外、作成する機会はあまりないのに対し、板書案は必ず作成しておかなければ授業にならない。何も見ないで授業ができるというのは余程のベテラン教員である。つまり、実際に教員になってからは板書案の方が必要なのである。

　表8は、公民科「現代社会」の板書案の具体例である。

　授業を見なくとも、板書を見ただけでその授業の良し悪しが分かるといわれる程、生徒にとっては直接目に触れるものだけに様々な工夫が必要である。

　板書案作成のポイントとしては、①1時間分の授業の要点が要領良くまとめられていること、②1時間の授業の流れが構造的にまとめられていること（単なる用語や短文の羅列ではないこと）の2点があげられる。つまり、授業終了後の黒板（生徒のノート内容）を見て、授業が想起できるような板書内容になっていなければならないのである。

4　授業実習の留意点

（1）授業開始

　実習生の場合、授業開始のチャイムが鳴ってから教室に入るのではなく、開始5分前くらいには入室して準備しておいた方が慌てなくてよい。特に、研究（査定）授業の時は、教室後方に見学者用の椅子をならべたり、学習指導案を机上に置くなどの作業があるので、より早めに入室した方が良い。

　始業のチャイムと同時に、起立・礼の挨拶の後、出席簿で出欠をきちんと確認することが必要である。実習生の中には、出欠確認を忘れて授業を開始する者もいるので要注意である。発声は明瞭に、間を取ってゆっくり説明し、抑揚をつけるのも良い。授業中の視線は特定の生徒を見つめないで、教室後方の黒板ぐらいに合わせるのが良い。

（2）板書

　大学の授業ではパワーポイント利用が多いが、高等学校現場の主流は依然として板書授業である。したがって、実習生の中には板書（黒板にチョークで書くこと）の経験があまりない者もいるので、授業実習前日の放課後に、実際に教室で板書の練習を含めた模擬授業を行っておく必要がある。その際、誤字や筆順の誤りなどのないように注意しておくこと。

　板書をする際の留意点としては、①文字の大きさ（見出しや重要点を大きくしたり、板書内容の多少によって1文字の大きさを変える）、②チョークの色使い（白・黄色の2色使用が基本だが、重要個所は黄色で書いたり、黄色のアンダーラインを引く）、③文章の書き方（長文ではなく、要点を書く）、④板書のスピード（生徒がノートに書き写す時間に配慮しながら板書する）、⑤板書の際の立ち位置（自分の姿に隠れて黒板が見えないことのないようにする）、⑥板書の際に黒板ばかりを見ない（適宜、板書をしながらも生徒の様子を観察する）などが主なものとしてあげられる。

　なお、横書きの場合、左から右に書いていき、黒板の上下・左右の端にまで板書をせず、多少の余裕を空けておいた方が見やすい。板書の文字がやや小さいと感じたら、一番後方の生徒たちに文字が見えるかどうか質問して確認すると良い。また、1時間の授業で黒板1枚に必ずおさまるようにしなければならない。少なすぎても問題だが、全面に板書して、また、消してから書き足すことは厳禁である。

（3）発問

　高校生の場合、小学生とは違い、自発的質問はほとんど期待できない。このため、実習生から生徒を指名して質問に答えさせる方法が一般的となる。

　まず、実習生から生徒を指名して質問する際の留意点としては、呼び捨ては論外だが、「今日は6月10日だから、出席番号10番の人」などというように、生徒の人間的存在を否定しかねないような指名も問題である。きちん

と名字を呼んで、「○○君」（男子）、「○○さん」（女子）と指名するのが適切であり、教卓上の座席表を利用すると良い。

　だが、単純に発問が多ければ良い授業かというとそうではない。授業の要所要所で適切な発問を組み入れてこそ良い授業といえるのであり、発問のタイミングが極めて重要なのである。発問の良し悪しが授業の質を大きく左右するといっても過言ではない。つまり、生徒が意欲的に授業に取り組むことができるかどうかは、教員の発問で決まってしまうものである。

　発問の意義（役割）としては、①生徒の授業への興味・関心を高めて動機づけを行う、②生徒の予備知識や理解度を確認する、③生徒に思考させることによって学習の深化を図るといったことがあげられる。

　「導入」段階では学習動機づけのための発問、「展開」段階では思考を促す質問、「まとめ」段階では理解度確認のための質問というように、学習展開過程で発問の性格に違いがあるということも知っておかなければならない。

　また、発問の内容としては、教科書を見ればすぐ答えられるような単純質問は良い発問とはいえない。教科書や副教材、過去のノート内容などを基に、自分で思考させるような内容の発問が良い発問なのである。

　このように、発問のタイミングと内容を適切なものにするためには、学習指導案の「指導上の留意点」の欄に発問内容を明確に記載しておく必要がある。学習指導案で事前に発問計画を立案しておくと授業の成功につながりやすい。

（4）机間指導（机間巡視）

　授業中、黒板の前を離れて、生徒の机の間にまで行き、ノート記入の状況の点検や質問に答えたり、個別指導を行うことを机間指導（巡視）という。小・中学校では比較的多く取り入れているが、高等学校では少ない傾向にある。実習生の場合、生徒に適度の緊張感を与え、一方的な講義形式の授業にならないようにするためにも、50分の授業中に1～2回は巡問指導を入れ

るようにしよう。

　机間指導の意義（役割）としては、生徒の理解状況を把握することができることや、個別指導ができるということなどがあげられる。

　また、机間指導の際の留意点としては、①タイミングの良い机間指導を行う（例えば、問題を与え、解答の状況を机間指導によって確認して回るなど）、②学習の遅れがちな生徒に対しては個別指導を行う、③教室全体・全員の状況を見て回るなどがあげられる。

(5) 研究授業（査定授業）と反省会

　研究授業（査定授業）は、実習生の授業実習の成果を指導教員や同じ教科の教員など、複数の教員から見てもらうことによって、批評や指導・助言を受け、さらなる授業改善につなげるために必ず実習期間中の終わりに設定される（例えば、教育実習最終日かその前日など）。つまり、教育実習の総まとめとして研究授業が位置づけられるのである。

　普段の授業実習では指導教員だけが授業見学していたが、研究授業では少なくても4～5名、多い時は10数名の教員や他の実習生が見学に来る。このため、実習生は大変緊張するが、これまでの数時間の授業実習で掴んだ要領を発揮し、臆することなく自信を持って授業に臨めば良いのである。

　研究授業の準備の留意点としては、①特に念入りに学習指導案を作成すること（これまでに指導教員から指摘された点を改善し、最善のものに仕上げること）、②指導教員と綿密に打ち合わせをしておくこと（授業上の課題や改善事項について、詳しく指導・助言を受け、それを研究授業に生かす）、③必ず模擬授業を行っておくこと（授業前日、放課後の教室で、できれば他の実習生に生徒役になってもらい、50分を通した本番と同様な授業を行う）などがあげられる。さらに、研究授業実施教室の準備（教室後方に見学者用の椅子をならべておく）や、見学予定人数分の学習指導案を印刷するなど準備作業も生じてくる。

　実際の授業は、普段の授業実習と同じように行えば良いが、見学者には表

表9　研究授業（査定授業）のチェックリストの具体例

平成28年度　教育実習生　査定授業参観票

科目		実習生名			参観者	
実施日	平成　　年　　月　　日		曜日		限目	
実施クラス	年　　組		場所			

（1）下記の観点について、値する評価の欄に○をつけてください。

観　　点		評価		
		大変良い	良い	改善が必要
見てもらいたい点	①生徒への指示が適切である			
	②図などを用いて分かりやすく説明している			
	③プリントを利用して効率的に授業を進めている			
	④IT機器を活用している			
教師の説明や発問	⑤声の大きさが適当である			
	⑥発問内容が適切である			
	⑦机間指導が適切に行われている			
板書	⑧板書の内容・構成・文字の大きさが適切である			
教材	⑨教材・教具の活用に工夫がある			
授業の流れ	⑩生徒の興味・学習意欲を引き出す展開である			
	⑪時間配分が適当である			
生徒の状況	⑫授業規律が確立されている			
	⑬生徒が積極的に参加している			
	⑭生徒をよく把握している			

（2）授業の進め方は適当であったか等、授業内容について気付いた点を記入して下さい。

（3）全体の感想等、気付いた点を記入して下さい。

　ご協力ありがとうございました。

9のような「査定授業参観票」が配布されることが多い。これは当日放課後に開かれる反省会で利用するためである。

　表9を見て、研究授業では、特にどのような点が評価対象となっているのかを、事前に留意して授業を行うと成功につながるであろう。

　研究授業当日の放課後に開かれる反省会には、授業見学者のほとんどが参加することになる。

　反省会では、1人の実習生に対して、指導教員を含めた同じ教科の複数の教員から研究授業の講評や指導・助言が行われる。

　冒頭、実習生に発言の機会が設けられるが、反省点を述べる前に、まず、見学者に対する御礼の言葉を述べるようにしよう。このようなささいな点が実習生の評価につながるのである。反省会で出された様々な批評には謙虚に耳を傾け、必ずメモ用のノートを用意し、記録にとっておくようにしよう。そして、それら講評を整理し、教育実習日誌（教育実習ノート）に記載しておけば、後々の授業改善に必ず役立つはずである。

5　教科外活動への参加

　高等学校の場合、教科外活動とは、特別活動、総合的な学習の時間や課外の部活動を指す（小・中学校の場合は、これらに道徳が加わる）。特別活動はさらに、ホームルーム活動（小・中学校は学級活動）、生徒会活動（小学校は児童会活動）、学校行事に区分される。これら教科外活動も学校の教育活動の一環として意図的・計画的に行われているので実習生も積極的に参加して欲しい。授業中の生徒たちとは別の側面を見ることができる機会である。

　特に、ホームルーム活動については、実習初日の帰りのSHRから、最終日の帰りのSHRまで、実習生が担当することになる。SHRでは、出欠確認や生徒に対する様々な連絡が行われ、正確に伝わっていないと後で生徒が困ることになる。まず、静粛にさせ（SHRは私語が飛び交うことが多い）、1件1件確認しながら、連絡事項を伝え、特に重要な事項については前方の黒板の

端に板書しておく方が良い。また、回収物（課題など）については、未提出の生徒は期日までに必ず提出するよう督促しておくこと。

　生徒会活動については、実習期間中に生徒総会が開かれた場合、どのような形式で運営され、生徒会顧問の教員はどのように係わっているのかを観察する必要がある。

　学校行事については、実習期間中に体育大会が開かれることがあるが、その場合、指導教員の指示を仰いで、ジャージや運動靴を持参し、練習や本番の様子を見学すること。特に、保健体育部の教員がどのように運営に係わっているのかを観察する必要がある。

　総合的な学習の時間（略称は総合学習）については、授業見学の機会があれば積極的に見学すること。その際、どのようなテーマと内容構成に基づいた授業が行われているのかをよく観察すること（学級担任が行う場合が多い）。

　部活動については、実習期間中の放課後は教材研究や学習指導案作成に忙殺され、なかなか参加する機会がないのが普通である。だが、自分の高校時代の所属部で顧問教員から強い要請があった場合は、教材研究に支障がない範囲で参加してみるのも良いであろう。

6　教育実習の終了と評価

(1) 教育実習最終日の留意点

　実習最終日には、担当学級の生徒や教職員に対して別れの挨拶をきちんとすることが必要である。生徒に対しては、帰りのSHRで挨拶をすることになるが、場合によっては生徒たちから色紙などのプレゼントや全員で記念写真撮影といったこともある。

　教職員に対しては、最終日の職員朝礼で挨拶することになるが、まず、実習を受け入れてくれたことや無事に終了できたことに対する感謝の気持ちを述べる必要がある。さらに、指導教員や学級指導担当教員、同じ教科の教員といった、特にお世話になった教員や校長・教頭（副校長）には個別に御礼

を述べに行くこと。

　また、借用した教科書などを返却することや、実習生控室の清掃も念入りに行っておくこと。

(2) 教育実習の自己評価

　教育実習の評価は、授業実習だけでなく、実習中のすべての活動を対象とするが、実習生自身が行う自己評価と実習校が行う評価とに区分される。

　自己評価は、大学所定の教育実習日誌（教育実習ノート）への記入によって行う場合が多い。

　表 10 は、近畿大学の実習生（前出）の自己評価表であり、表 11 は、同一人物の教育実習全体を振り返っての感想である（両方とも『教育実習日誌』より収載）。

　表 10 から分かるように、教育実習の自己評価では、授業だけでなく、生徒指導や学級経営、実習態度についても対象とされている。実習を振り返って、その成果や課題を自分で確認させることが目的とされている。

(3) 実習校による評価

　実習校による評価は、指導教員が大学所定の評価用紙に記入し、最終的に校長が点検・押印して大学へ郵送するのが一般的である。

　表 12 は、近畿大学所定の教育実習成績報告書であり、これに成績評価が記入されたものが大学の教務課に郵送されてくるのである。

　前出の自己評価表と類似しているが、近畿大学に限らず、どの大学の評価用紙もほぼ同様な様式である。評価の観点として最も重視されているのが、教員としての資質（適性）や自覚があるかどうかという点である。

　この評価用紙が大学に郵送されてきて全実習生分が揃った後、教職課程（教育実習）担当教員が実習ノートの記載内容と合わせて点検し、教職に関する科目「教育実習」（2 単位～高等学校教員免許のみ取得の場合）の成績を認定す

表10　教育実習自己評価表の具体例

教育実習自己評価表

　教育実習での経験を確かな知識として定着させるためには，しっかりとした自己認識と反省，そして改善の方向性を明確にすることが必要です。ここではできるだけ客観的に自己評価をすることによって，自らの今後の課題を明らかにしてください。

実習校名	教科・科目	担当ホームルーム・学級		指導教員名
	商業・簿記	1 年　4 組		

実習期間	出勤日数	欠勤日数	遅刻 0 回	授業時間数
平成 25 年 6 月 3 日から　平成 25 年 6 月 14 日まで	10 日	0 日	早退 0 回	8 時間

評価項目と主な内容	自己評価（A＝よくできた～D＝できなかった）				その理由
学習指導　教材研究や指導計画の立案は十分にできたか，指導技術は生かせたか，生徒の学習活動への支援は十分になされたか　など	A	B	C	⓪	「生徒から目を離さない」「じんな説明するかまで準備する」など最後の最後まででできなかった。また生徒に定着させるという意味での家庭学習の支援も不十分だった。
生徒指導　生徒と積極的に関われたか，生徒を十分に理解できたか，学校行事やクラブ活動等に積極的に参加できたか　など	A	B	Ⓒ	D	仕事の効率が悪く生徒と思うように交流が持てない中，目の前の生徒を大事にすることはできたが，傾聴することを目標にしてきてそれができなかった。
学級経営　学級管理・担任事務の理解と参加ができたか，実習記録や書類の作成・提出ができたか　など	A	Ⓑ	C	D	主にSHRのことが正確に丁寧に仕上げることを目標にやってきた。先生がたも評価をいただいた。ただ事務作業の効率が悪いままで改善されなかったのは反省点である
実習態度　実習に熱意と責任感を持って取り組めたか，教職に対する自覚を持って取り組めたか　など	A	B	Ⓒ	Ⓓ	教師という立場を明確にできなかった。また生徒の見本ともなるべき人間が合評に遅刻するなど言語道断である。決して許されることではない。先生がたに訳ない気持ちで一杯である。
総合評価	A	B	Ⓒ	D	とにかく多くのことを学びたいと思い実習に臨んだが，学んだこともどれだけ実践につなげられたかわからない。教師としての自覚が一番足りなかったと思う。また最後の最後で遅刻したことも心のスキがあった。こんなことでは一流の人間にはなれないと実感した。これを自分が動き出すきっかけに。

表11　教育実習の自己評価文の具体例

〔教育実習の反省〕

① 教育実習全般について　　② 反省会などで出た指導・助言　　③ 教育実習について新たに得たもの　　④ 教師の使命をいかに感じたか　　⑤ 今後の努力すべき点などについて書きなさい。

　まず全日程を終えて感じたことは自分が進もうとしている人としての魅力を上げるという道は間違っていないということ、そして人として、教師として行きつく先がまだまだ遠くにあり、自分が思う以上に遠く自分もまだやることがたくさんあると実感させてもらった。先生方には最後の最後まで迷惑をかけることになってしまったが、それでも温かく指導をしていただき本当に感謝の気持ちで一杯である。また生徒も素晴しく素直な生徒ばかりで心から幸せだと感じることができた2週間であった。

〈朝礼・SHR・黙学〉

　初めて朝礼に参加して先生方の表情を見たときに、全員が今日一日の心構えを持って入って来ていると感じた。2週間毎朝この時間に自分も決意を持っているということは実践できたと思う。毎日多くの連絡事項を伝えなければならない立場として心がけたことは「正確に丁寧に伝える」ことである。その中で順番も最も重要なことは最初に言ったり、1つ1つの事項に自分の思いや考えを伝えるようにした。黙学は生徒の取り組む姿勢がしっかり定着しているなと思った。この姿勢をしっかり目に焼きつけ見習って実践していきたい。時間の経過とともに生徒の顔を見ながら話すことができるようになった。

〈参観授業〉

　多くの先生方の授業を参観させていただいたが、どの先生も授業において生徒とのコミュニケーションを大事にされていると感じた。商業という初めての科目で一方的な説明になりがちな所だが生徒に反応させる考えさせるという光景が多く見られた、是非自分も取り入れて実践していきたい。特に　　先生の授業は生徒を飽きさせないようにテンポよく生徒を指名し立って答えさせる。机間巡視も一人のミスを全員で共有できるように声かけをする。そして簿記で最も大事な見やすさを大事にしている所はとてもために なった

表12 教育実習評価用紙の具体例

教 育 実 習 成 績 報 告 書 ㊙

近畿大学 産業理工学部

平成　　年度

学部・学科名	学部	学科

実習生氏名		実習教科	

実 習 校 名		指導教諭氏名	㊞

実 習 校 所 在 地	〒 　　　　　　　　　　　　　　　　TEL

実 習 期 間	平成　　年　　月　　日 ～ 　　月　　日（　　　　日間）

出 勤 状 況	出勤日数		欠勤日数	病気　　　日　遅刻　　　回	授 業 実 習 時 間 数
				事故　　　日　早退　　　回	時 間

	評 価 項 目	主 な 着 眼 点	評 価
項 目 別 評 価	学 習 指 導	○ 指導目標の理解と指導内容の習熟度について ○ 基礎学力・知識について ○ 生徒への学習活動・理解について ○ 教材研究・学習指導案について ○ 発問・動機づけ・板書・発音などの指導技術について	A B C D
	生 徒 指 導	○ 生徒への接触と理解度について ○ 生徒観察と指導について ○ 特活・学校行事等への関心・参加について	A B C D
	学 級 管 理 ・ 事 務 処 理	○ 担任事務への理解について ○ 学級経営への理解と参加について ○ 実習記録や書類などの作成と提出について	A B C D
	実 習 態 度	○ 教職に対する自覚について ○ 自習における熱意と責任感について	A B C D

総 合 評 価	評　価 （備考参照）	A　　　　B　　　　C　　　　D
	所　　見	

教育実習成績は上記のとおりであることを証明する。

　　　平成　　年　　月　　日

　　　　　　　　　　　　　　　学 校 名

　　　　　　　　　　　　　　　学 校 長　　　　　　㊞

（備　考）A=80点以上　B=70〜79点　C=60〜69点　D=50点以下（不合格）として評価し○で囲んで下さい。

る。

　実習校による評価が、そのまま「教育実習」の成績として認定される訳ではなく、最終的には教職課程（教育実習）担当教員が総合的に成績を認定することになる。

（4）大学への終了報告

　教育実習が終了したら、速やかに大学に登校し、教務課の担当職員及び教職課程（教育実習）担当教員に報告をしなければならない。なお、教育実習日誌（教育実習ノート）については、評価用紙とともに郵送してくる場合と、最終日に本人に直接渡す場合があるが、後者の場合はこの提出も忘れないこと。

（5）実習校への礼状

　教育実習終了後、1週間以内を目途に実習校に対して必ず礼状を郵送すること。その際、はがきではなく直筆の礼状を入れた封書で送ること。礼状の相手は、本来ならば、校長・指導教員・担当学級の生徒へ個別に出すのが望ましいが、それが難しければ、校長宛てに礼状を出し、その中で指導教員や担当学級の生徒への謝辞や挨拶も付け加えておくと良い。なお、書式に決まったものはないが、ウェブサイトなどで公開されている書式を参考にする方が無難である。

（6）大学での事後指導

　各大学によって事後指導の形態は異なるが、その年度の全員の教育実習が終了した段階で、掲示などで事後指導の連絡があるので必ず出席しなければならない。後期（9～10月）に教育実習を行う学生が存在する場合は、4年次後期の教職に関する科目「教職実践演習」の時間に行う場合もある。

（永添祥多）

◆ **参考文献** ◆

小山茂喜編著『新版　教育実習安心ハンドブック』学事出版、2014 年。
『教育実習の手引』近畿大学、2016 年。
『近畿大学　教育実習ノート』近畿大学、2016 年。

著者紹介

永添 祥多（ながそえ　しょうた）

近畿大学産業理工学部教授　博士（教育学）　第5章、第6章担当

田代 武博（たしろ　たけひろ）

西日本工業大学工学部教授　第2章、第3章担当

岡野 亜希子（おかの　あきこ）

近畿大学産業理工学部准教授　第1章、第4章担当

高等学校教育実習ハンドブック

2017年1月31日　初版第1刷発行

著　者　永添　祥多
　　　　田代　武博
　　　　岡野 亜希子

発行者　風間　敬子

発行所　株式会社 風 間 書 房

〒 101-0051　東京都千代田区神田神保町 1-34
電話 03（3291）5729　FAX 03（3291）5757
振替 00110-5-1853

装丁　鈴木弘（B.S.L.）
印刷　堀江制作・平河工業社　製本　井上製本所

©2017　S.Nagasoe　T.Tashiro　A.Okano　　　　NDC分類：374.3
ISBN978-4-7599-2169-4　　Printed in Japan